Amores que asfixian

Obsesivos, celosos y perversos

Marcus W. Oliver

Editorial Anuket

Editorial Anuket

Contenido:

Cap. 1 Amores enfermos
Cap. 2 Naturaleza de los celos
Cap. 3 Celos patológicos
Cap. 4 Envidia
Cap. 5 Lidiar con los celos y la envidia
Cap. 6 Codependencia
Cap. 7 Cómo deshacerse de la codependencia
Cap. 8 Personalidades perversas y violencia familiar

Capítulo 1
Amores enfermos

A pesar de que en el amor siempre hay un elemento de sacrificio (entrega), en las relaciones normales siempre hay un equilibrio entre el dar y lo que se recibe a cambio. En cuanto al amor patológico, es un juego unilateral, en donde uno cree que siempre da, y rara vez siente que recibe algo, más a menudo, nada de lo que realmente cree que necesita.

Desde un punto de vista clínico, el amor patológico es una forma de adicción hacia "algo", como la adicción al sexo o al juego. En este caso, una persona se obsesiona con el amor, y con todo el proceso que representa.

Como ocurre con cualquier otra dependencia, el proceso no tiene inicios ni finales normales.

Este es un cuadro patológico de autoalimentación de excitación sin fin ni bordes. Y así como el alcohólico nunca se harta del alcohol y quiere más y más, el adicto al amor nunca se siente satisfecho en la relación y permanece agradecido, pero siempre requiriendo algo más.

Tales relaciones comienzan, por regla general, con un acercamiento entre las partes, rápido y sin profundidad (por lo tanto, no se establecen límites normales), en donde el obsesivo va estableciendo las reglas, por lo general, sobre un otro con personalidad más débil.

Este tipo de mal amor tiene más que ver con la obsesión y el poder que con la ternura y la libertad. Se sabe que uno ha caído en las trampas del amor patológico cuando comienza el control sobre el propio comportamiento y la sensación de que nos tienen atado con una correa.

En cualquier caso, la primera señal de que todo va mal será la vulneración de la propia libertad.

El amor es un complejo de sentimientos y emociones expresados por la manifestación de simpatía por alguien. No es la explicación más clara, ¿verdad? Estamos acostumbrados a algo completamente diferente, más romántico y complejo.

Para muchos de nosotros, el amor son alas en la espalda, un sentido de importancia, necesidad de un otro, un deseo de brindar alegría y cuidado, una necesidad de proteger a alguien. Para algunos, este sentimiento se asocia con euforia y tranquilidad, para otros es tormento, dolor y sufrimiento.

Ocurre que el amor es percibido como la forma más alta de responsabilidad, obligación y necesidad. Muchas mujeres (madres) consideran que el amor es la tutela total y la necesidad de tomar decisiones por su hijo. "Hago esto o aquello porque lo amo y le deseo todo lo mejor", dicen. Pero en muchos casos, cuando el equilibrio se rompe, aparece la hipercustodia, que tiene como resultado la pobre maduración del hijo y de su derecho a elegir, creciendo el pequeño con una debilidad de carácter, que puede devenir cuando sea adulto, en baja autoestima o en ira reprimida que explota con su pareja de turno.

Todo sería más claro si la gente entendiera que no existe una definición única de amor. Los científicos se han vuelto locos en un intento de explicar lo que sucede en las relaciones amorosas.

Sigmud Freud, con respecto al enamoramiento citada "En la ceguera del amor nos volvemos criminales sin remordimientos"; haciendo referencia que, en este estado narcótico de emociones, vemos al otro perfecto, sin máculas, digno de ser considerado rey o princesa, y nosotros dejamos nuestra identidad, nuestro orgullo, y nos convertimos en sus vasallos.

De las hormonas al trastorno mental, desde los biólogos a los psiquiatras; todos han estudiado al amor; pero nunca se ha llegado a un consenso que explique todas las variables, porque simplemente se inmiscuye la cultura y la personalidad de los protagonistas.

Intentemos alivianar la bibliografía y dividamos el amor en dos categorías. uno de los cuales es sano, y el otro patológico.

"Los seres queridos no te abandonan" dicen los obsesivos, entonces aprietan hasta el final.

Se relata desde todos los libros infantiles y pantallas de televisión que el príncipe ama a la princesa y hace cosas por ella (hasta luchar contra un dragón si fuera necesario); y por supuesto, ella se entrega total y completamente a él, porque es príncipe, obvio.

Pero no está claro cómo la princesa aprendió la manera correcta de expresar sus sentimientos mientras estaba encerrada en la torre. ¿Quién les dice a las niñas cómo amar y qué es el amor?

Quién les explica a los muchachos que el amor no es una competencia, un logro, ganar o conquistar. Todo es hermoso en los cuentos de hadas, pero nosotros no formamos parte de ellos.

El punto es, que la cultura nos educa sobre ideales imaginarios, pero la vida es la que te enseña del justo equilibrio que te puede hacer feliz, o de su opuesto que puede llegar a matarte.

No existen los príncipes con relucientes armaduras (siempre tienen algún óxido escondido), como tampoco ninguna princesa que haya que perseguir para medirle un zapato (si se esconde, no está siendo franca).

El amor patológico es un sentimiento basado en la dependencia, la satisfacción de las necesidades personales y la posesión. Deja de ser atrayente porque siempre conduce a una tragedia llamada abuso.

El amor patológico es el resultado del miedo y casi siempre de la total indiferencia por los sentimientos del otro. Esta situación se explica fácilmente con algunas frases: "No puedo vivir sin ti", "No te dejaré salir con nadie, solo basto yo", "Mataré a cualquiera que se te acerque", "Te mataré si me rechazas", y finalmente "¡Llegamos al límite!", ¡porque no tiene sentido sin ti!

Por feo que se vea, todo esto es amor, que no solo es bien conocido, sino que también es promovido activamente por los principales actores en dramas de cine y televisión. Una persona amorosa siempre traspasa montañas, se preocupa, alcanza, utiliza todos los recursos disponibles para finalmente conseguir lo que quiere. ¿Pero entonces, qué? ¿Qué pasa si la pareja se siente incómoda, ha entrado en una nueva etapa de desarrollo y el otro sigue de igual de obsesivo? ¿Qué pasa si alguien que amas quiere irse? ¿Qué pasa si ya no te aman? Acaso no era "y vivieron felices por siempre"

Puede que te resistas a que te abandonen, o a tener que separarte; después de todo, amas, lo que significa que no estás listo para soltar, para sufrir un fracaso, no puedes descansar y te sientes obligado a luchar, usar la fuerza y defender lo que consideras tuyo. Pero todo tiene un límite. Lo peor es que hay personas que ni siquiera saben vivir sin gente a su lado. Nada bueno sale de ello, porque ambos sufrirán cuando uno se sienta una bestia enjaulada entre barrotes de pesimismo, y el otro se vea obligado a huir constantemente de cualquier amenaza, como la de un depredador.

Comienza con salud y termina con paz

El amor sano se basa en el respeto, el apoyo y el deseo de mejorar la vida de tu ser querido sin hacerle ni hacerte daño.

Aquí está el matiz: la mejor opinión de tu pareja no es la tuya, sino la de ella, que sabe muy bien lo que quiere. La frase que debería gobernar es ¡Estoy bien sin ti, pero mejor contigo!

Ama donde no haya adicciones ni deseos reprimidos. En tales parejas, si ocurre un divorcio, siempre se considera y se justifica. Cualquiera puede divorciarse, la única duda es si van al juicio voluntariamente.

A veces, cuando un hombre se enfrasca en la conquista de una mujer, ignora todos sus rechazos, seduce, promete poner el mundo entero a sus pies, elimina a los rivales; ¿esto es amor? ¿Se quiere hacer coincidir los libros para niños con la realidad?

Si en este caso él decide que ella está mejor con él, ¿sería normal la unión? ¿Dónde está el amor cuando una chica no puede elegir por sí misma?

Una relación sana se basa en la autosuficiencia. "Estoy bien sin ti, no busco un salvador, no necesito compensación por complejos, no proyecto mis deseos y miedos en otras personas. Me siento cómodo contigo, feliz, en armonía. Nuestro propósito en la vida es el mismo. Encontrémonos y caminemos por la vida juntos".

Vale la pena citar el mantra de psicología de la Gestalt, escrita por el psicólogo Fritz Perls.

"Yo soy Yo

Tú eres Tú
Yo no estoy en este mundo para cumplir tus expectativas
Tú no estás en este mundo para cumplir las mías.
Tú eres Tú
Yo soy Yo.
Si en algún momento o en algún punto nos encontramos
Será maravilloso
Si no, no puede remediarse.
Falto de amor a Mí mismo
Cuando en el intento de complacerte me traiciono.
Falto de amor a Ti
Cuando intento que seas como yo quiero
En vez de aceptarte como realmente eres.

Tú eres Tú y Yo soy Yo."

Solo si tu pareja puede estar bien sin ti, puede resolver sus problemas (espirituales y materiales) por cuenta propia, sabe exactamente hacia dónde va y que sus perspectivas estén alineadas, podemos hablar de una relación sana contigo. Solo en esta situación surge el amor, y el amor, como hemos descubierto, incluye el respeto, la reciprocidad, el deseo de apoyarse mutuamente, el anhelo de comprender a la pareja y ayudarla a desarrollarse.

Con el amor enfermo, arrogarse el derecho de ser mejor que el amado no es hacerle ningún favor al otro. Por ejemplo, si eres un hombre aburrido, poco interesante pero rico, es posible que escuches palabras de amor de hermosas jóvenes. Puedes utilizar tus recursos para seducirlas, prometerles una buena vida e incluso darles todo con lo que sueñan. Pero tu amor se basa en tu miedo, porque si empiezan a ganar su dinero o tu comportamiento va cuesta abajo, las palabras de amor se reemplazan instantáneamente por insultos y todo termina en traición.

Cuando todo en la vida de alguien es malo y de repente te conviertes en la luz de esa persona, entonces puede que le arregles un poco las cosas, pero también, que llegue el día en que las nubes desaparezcan y te harán a un lado. Dirás que le diste todo a esta persona y ella no lo apreció; pero la realidad es que te quedaste en el rol de salvador y no analizaste todo el panorama.

Si estás en una relación que no es adecuada para ti, pero te quedas en ella, lo haces por alguna razón, muchas veces por miedo. Puede que pienses que, si dices "no" a esa relación, termines quedándote sin nada. Quizás pienses como versa el refrán "Más vale pájaro en mano que mil volando" y consideres que puede que tu próximo compromiso sea peor, o que tengas que volver a gastar todo el tiempo y dinero de nuevo. Quizás, termines diciéndote "Ya me he acostumbrado, mejor no cambio".

Las personas deberían ser capaces de respetarse y trabajar por un objetivo común, en lugar de dejarse amar para complacer sus egos.

Pero en cambio decimos "te amo" y tenemos que averiguar qué hay detrás de esas palabras. Qué miedos, complejos y creencias están detrás de la fachada. ¿Qué estás tratando de probarte a ti mismo y a los demás? ¿Quién eres tú en este plan y cuál es tu verdadero papel?

Por supuesto, es agradable cuando las montañas se mueven por ti, cuando alguien dice que no puede vivir sin ti. Te gusta porque tienes una necesidad de valorarte y que te valoren.

Amores tóxicos

Los amores tóxicos a menudo comienzan de manera aparentemente normal, y pueden incluso ser muy apasionados al principio. Sin embargo, con el tiempo, las relaciones se vuelven cada vez más dañinas, y las personas involucradas pueden sentirse atrapadas en un ciclo de dolor y sufrimiento.

Una de las señales más comunes de un amor tóxico es la manipulación. La persona manipuladora puede intentar controlar a su socio sentimental de varias maneras, como amenazar con dejar la relación, o con suicidarse. También son comunes los casos en donde los hijos se transforman en botín de guerra y se amenaza con alejarlos de la vida del que desea salir de la unión. También los "tóxicos" suelen controlar a su compañero de vida mediante el uso de la culpa o la vergüenza, o a través de la pareja de sus amigos y familiares.

El abuso emocional también es común en este tipo de relaciones. La persona abusiva suele ser extremadamente celosa y posesiva, y puede intentar controlar al otro mediante el uso de la violencia verbal o psicológica. El abuso también puede incluir el uso de la violencia física, el acoso sexual y el control financiero.

Una de las razones por las que las personas se quedan en las relaciones tóxicas es porque a menudo desarrollan una dependencia emocional hacia su pareja abusiva, denominada "indefensión aprendida". Esta dependencia puede ser causada por el miedo a estar solo, o por la creencia de que no se merecen algo mejor. A menudo, las personas en relaciones tóxicas también pueden sentir que no tienen ningún lugar adonde ir, o que nadie les creerá si hablan sobre lo que está sucediendo.

En una relación tóxica, el patrón de comportamiento abusivo se repite constantemente y puede ser difícil de identificar. Sin embargo, hay algunos signos comunes en estos vínculos insanos:

Control excesivo: La persona tóxica puede tratar de controlar a su pareja en varios aspectos de su vida, incluyendo lo que hacen, con quién hablan y cómo se ven.

Comportamiento celoso y posesivo: La persona tóxica puede ser extremadamente celosa y posesiva, y puede tratar de controlar a su pareja mediante la vigilancia constante o la restricción de su libertad.

Comunicación defectuosa: La persona tóxica puede ser cruel o despectiva en sus palabras y acciones, o puede usar el silencio como una forma de control.

Gaslighting (Abuso psicológico): Es cuando la persona tóxica manipula a su pareja para que dude de su propia percepción de la realidad, haciéndole creer que está loca o que exagera los problemas.

Abuso físico o sexual: El abuso físico o sexual es una señal clara de una relación tóxica.

Aislamiento: La persona toxica puede tratar de aislar a su pareja de sus amigos y familiares, para tener más control sobre ellos.

Es importante tener en cuenta que estos signos pueden variar de acuerdo a la persona tóxica y la relación, y que no todas las relaciones insanas incluyen todos estos comportamientos.

La salida de una relación tóxica puede ser complicada y puede requerir ayuda profesional. Es importante buscar apoyo de amigos, familiares o profesionales de la salud mental para que intervengan en el proceso de recuperación. También es importante buscar recursos para ayudar en la seguridad y la planificación de la salida, como servicios de ayuda a víctimas de violencia doméstica.

Es importante recordar que nadie merece ser tratado de manera abusiva, y que todos merecemos vivir en una relación saludable y amorosa. Es importante tomar medidas para salir de una relación toxica y trabajar en la curación y la recuperación personal.

Capítulo 2
Naturaleza de los celos

¿Cuándo los celos mejoran una relación y cuándo la destruyen?

Los celos pueden ser patológicos y destructivos. Nuestra pareja es muy importante para nosotros, la cuidamos, por lo que desde este punto los celos pueden ser una expresión normal de nuestra preocupación, son solo una debilidad humana.

Los celos son una emoción secundaria, compleja y negativa, provocada por el sentimiento de perder algo o estar en peligro de perderlo. Resulta que los celos están presentes desde muy temprano en la vida.

En 2002, Sybil Hart y Heather Carrington realizaron un estudio en un grupo de 32 bebés de seis meses. Los resultados del estudio mostraron que en esta etapa una persona ya siente celos de sus padres. Durante el estudio, se observaron las reacciones de los niños cuando los padres apartaban la mirada de ellos por un momento y se enfocaban en un juguete. Se encontró que los niños mostraban envidia cuando sus padres se enfocaban en un juguete social humanoide (una muñeca), pero no cuando sus padres se enfocaban en otros juguetes (bloques de construcción).

Entonces podemos decir que los celos nos acompañan desde la infancia; existen no sólo en la relación entre marido y mujer, sino también en las relaciones familiares y sociales. Los celos en la familia surgen entre hermanos que compiten entre sí por el favor de sus padres. A veces, cuando una madre tiene una relación enfermiza de apego con su hijo, también se pone celosa ante la cercanía de su pareja con el niño. Los celos pueden tomar muchas formas y grados de severidad. La obsesión por los celos es un grave trastorno mental que no solo destruye la vida de los envidiosos, especialmente de aquellos que son acusados de traición.

Mayormente, los celos entre parejas ocurren cuando uno de los cónyuges sospecha que la pareja tiene otro deseo o está interesada en otra persona. Aquí estamos viendo el aspecto competitivo y el tema de la autoestima. Si un hombre está inseguro de sí mismo y sospecha que otro hombre está interesado en su esposa o prometida, puede volverse cada vez más autocrítico, paranoico y delirante. En tales situaciones, a menudo sucede que la pareja celosa, sin saberlo, con sus continuos ataques de celos, termina empujando al otro a los brazos del amante (se termina perdiendo lo tan temido de perder).

Los celos se manifiestan en muy diferentes áreas, pero la mayoría de las veces "debajo" de este sentimiento se encuentra la baja autoestima: "soy el peor, no soy bueno en nada, los demás son mejores, entonces me sacan lo que poseo. Amo a una, y ella prefiere al otro porque soy el peor". La otra cara de esta mentalidad es que no puede confiar en los sentimientos de nadie, incluso en los de su pareja.

Al mismo tiempo, la relación sana se basa en la confianza; pero... un toque de celos pareciera que para algunos es mejor; ya que sería un indicativo de que "le importo" y hasta "se pelearía por mí para defenderme".

Los celos están bien, siempre y cuando sean atenuados y no abrumadores. Si me siento un socio valioso y me divierto con mi pareja cuando estando juntos, no necesito estar celoso. Además, las parejas con una actitud dominante de "si yo estoy bien, tú estás bien" no logran percibir cuando sus parejas están en su contra. Por otro lado, las personas que tienen algo en su conciencia que las hace sentir culpables a menudo son celosas; siguen el ejemplo del ladrón que considera que "todos son ladrones".

He aquí una predicción: si soy propenso a la traición y no siempre soy leal, es probable que mi pareja también actúe de esta manera. Sin embargo, este patrón a menudo se manifiesta en la forma en que nos alineamos. En general, si tenemos algún tipo de armonía, paz, ancla interior, y podemos tomar decisiones correctas que resultan beneficiosas, atraemos socios de ideas afines y construimos relaciones armoniosas y de confianza con ellos. Por otro lado, si hay algo mal con nosotros, que nos gusta "torcer" las cosas, el resultado es a menudo que inconscientemente elegimos parejas con características similares.

Los celos, como decíamos, son un sentimiento de decepción que proviene de la creencia de que puedes perder algo importante para ti. Los celos a menudo se consideran una condición indigna para una persona que sabe lo que quiere. Se ha asociado con el amor durante siglos y se considera una emoción negativa que puede llevar a la ruptura de una relación. Los celos moderados, por otro lado, promueven la competencia activa y el compromiso en las relaciones.

Pero, ¿cómo lidiar con los celos patológicos? ¿Cómo reconocer los celos en una pareja y qué es el síndrome de Otelo? Veremos todo esto en el próximo capítulo.

El diccionario de psicología, por su parte, define los celos como un estado emocional complejo caracterizado por el miedo a ser privado de algo importante para nosotros. En rigor, los celos son un sentimiento de miedo a que un ser querido nos deje. Los celos en las relaciones a menudo son el resultado de no amarnos, esperando que nuestra pareja nos salve diciéndonos lo buenos que somos. Comprometerse con una relación, invertir tiempo, energía y recursos puede ayudar a mantener y sostener un vínculo amoroso, pero también puede conducir a la adicción a las relaciones y los celos.

Cuanto más te imaginas la vida sin tus seres queridos, más los idealizas y te vuelves más celoso. Además, existe una regla de exclusividad en las relaciones íntimas, que se basa en la creencia de que ciertos comportamientos y conductas son solo de la pareja. Se puede suponer que simplemente nos estamos relajando o disfrutando de la intimidad con nuestra pareja, por lo que debemos confiar en él. El sexo suele ser la regla de suprema exclusividad. Cuanto más amplio sea el rango de exclusividad, mayor será el riesgo de celos.

Celos en las relaciones

Los celos son un sentimiento integral en la relación entre un hombre y una mujer. Se dice que "sin celos no hay amor", lo que enfatiza que los celos en una pareja pueden traer un elemento de emoción, tensión y pasión. Los celos son un sentimiento de insatisfacción, que se manifiesta en el miedo a estar solo, haber perdido el tiempo y tener que volver a encontrar un alma gemela. También se equipara, a menudo, con experiencias reales o imaginarias de "terceros". Las causas de los celos son el comportamiento inadecuado de la pareja, el desprecio por el otro, el tiempo insuficiente que se pasa con él, la indiferencia, el poco interés en las relaciones mutuas, etc. Se puede decir que la causa de este tipo de celos tiene una "causa externa". Sin embargo, las causas de los celos se encuentran en la psique humana y pueden describirse como causas "internas", como el bajo amor propio.

La gente suele pensar en el amor y los celos como conceptos inseparables. Después de todo, se dice que no hay amor ni celos. De hecho, muchos celos pueden fortalecer una relación. Esto le permite a la otra persona saber que sigue siendo importante para su pareja, que la otra persona está interesada en ella y que, en algunos casos, siente celos. Sin embargo, también hay un poco de celos que se convierten en celos patológicos y queman todas las relaciones, afectan negativamente la psique y causan muchos problemas.

El amor es un sentimiento hermoso y estimulante. Sin embargo, también es un sentimiento complicado y hay de muchos tipos, por lo que cada amor es diferente. Pero con el amor siempre habrá celos. En el curso de los estudios sociales de parejas se demostró que aquellos que experimentan celos moderados son más estables y tienen la oportunidad de pasar una larga vida juntos.

Los celos pueden aparecer como un sentimiento desagradable cuando su ser querido parece estar peligrosamente cerca de otra persona. Entonces te sientes inseguro, amenazado e incómodo. Los eventos pueden variar desde largas y confidenciales conversaciones, sonrisas o un perfecto entendimiento entre tu pareja y un amigo o colega. A veces incluso sabes que no tienes de qué preocuparte, que todo está bien con él, pero estás celoso y sin poder cambiar la actitud.

Los celos son el miedo a la competencia, el miedo a que aparezca otro, mejor, más bonito, más rico, más divertido; alguien que trastorna la imagen de uno mismo y la relación que uno tiene con la pareja. Los celos no siempre son algo malo en sí mismos. Es un sentimiento natural del que es difícil deshacerse por completo, porque la apatía puede colarse donde los celos no existan en absoluto. Los celos en una relación son completamente normales. Muchos celos te hacen saber que todavía te preocupas por tu pareja, y también le das la señal de que te importa lo que le pase, con quién está y lo que hace. Todo es perfectamente normal: solo con un poco de celos.

Incluso se ha comprobado que estas parejas son capaces de tener relaciones más sanas, seguras y duraderas cuando existe cierto nivel de celos en la relación. Las parejas sin sentimientos de celos tienen menos probabilidades de sobrevivir.

La cantidad correcta de celos puede fortalecer la relación entre los socios. Algunos, incluso, pueden intentar poner celosa a su pareja para refrescar la relación, pero deben hacer este procedimiento con mucho cuidado. Esto realmente puede funcionar para algunos, pero tal movimiento es muy arriesgado; en realidad puede dañar la relación en lugar de fortalecerla. Entonces, en lugar de estar celoso y fingir estar inquieto por las otras personas a su alrededor, vale la pena recordar el comienzo del romance y trabajar para volver a él si quieres romper con la monotonía por un tiempo.

También vale la pena señalar que hombres y mujeres experimentan este sentimiento de manera diferente. Cuando los hombres sospechan una infidelidad física (sexual), muestran emociones más fuertes, mientras que las mujeres reaccionan con más fuerza cuando saben que su esposo está pasando el tiempo libre con otra mujer, porque la infidelidad emocional las lastima más, ya que se sienten reemplazadas. A diferencia de los hombres, las mujeres también están estadísticamente más involucradas en el análisis de las posibles razones por las que una pareja podría serle infiel, y si son muy celosas, pueden pasar mucho tiempo buscando pruebas. Estadísticamente, los hombres necesitan menos un análisis de este tipo y expresan los celos de diferentes maneras: a menudo se niegan a sentir celos, ya que consideran que estarían demostrando un lado poco masculino. También es más probable que se sientan enojados en esta situación, mientras que las mujeres tienen más probabilidades de sentirse tristes e incluso de deprimirse.

¿Qué dicen los celos de ti?

¿Alguna vez te has preguntado cuál es el origen de tus celos? La psicología sabe la respuesta a esta pregunta. Aunque hoy en día pienses que "no hay amor sin celos", que el sentimiento es completamente inocente, la verdad al respecto puede cambiar esa actitud. Los celos no son amor

La gente piensa que, si no estás celoso, aunque sea un poco, algo anda mal, y salen con el consejo "Bueno, fíjate: alguien no se preocupa por ti". Los celos de una pareja a veces son una señal de su confianza en estas personas. Claro, puede ser lindo, como un gatito de dos meses que te lame el codo, pero eso no significa que una relación saludable deba ser con celos forzados, sino cuidados y medidos (celos normales). Si todo está en orden en la relación y nadie está haciendo cosas prohibidas, entonces, no debería haber celos patológicos, pero quizás algún tipo de celo con guiño "te ves muy linda en ese vestido, ojito... ¡a portarse bien!". ¿Cuántas veces los celos han destruido relaciones, cuántos asesinatos no habrían ocurrido si no fuera por este oscuro sentimiento que se vio descontrolado? Honestamente, no lo sé, pero creo que hay muchos.

Los celos pueden decir mucho de ti

En mi opinión, la razón más común es la baja autoestima. Si sientes que no eres digno de su amor, entonces has fallado como pareja. Puedes tratar de ocultar tus fracasos, pero esto no cambia el hecho de que eres propenso a sentimientos de celos que te agobian constantemente, ya sea que lo demuestres o no.

La falta de autoestima puede surgir en la primera infancia (mensajes negativos de los padres "no vales nada"), pero también es un eco de las quejas de las parejas actuales o anteriores en forma de humillación. Los amigos y conocidos "tóxicos" definitivamente tampoco ayudan en este asunto.

Otra causa de los celos es el neuroticismo. Si eres una persona muy temerosa, exageras la gravedad de tus problemas, no puedes lidiar con la culpa y vives con tensión y depresión constantes, es posible que padezcas neuroticismo. No te preocupes, no es una enfermedad. Es un rasgo de personalidad. Se deriva de necesidades no satisfechas en la infancia y puede ser el caldo de cultivo perfecto para los celos malsanos. Lo opuesto al neuroticismo es el equilibrio emocional. Como consuelo, me gustaría agregar que todo el mundo es neurótico en algún grado; sino no, como anticiparse a los engaños, a las mentiras, a los estafadores; si no tuviéramos la desconfianza incorporada.

También se debe mencionar la falta de seguridad y control. Por ejemplo, cuando los niños son golpeados por un padre borracho sufrirán aún más por la desconfianza hacia sus seres queridos en el futuro, ya que han recibido lo opuesto de sus criadores. Estas cosas afectan naturalmente nuestras relaciones como adultos. Si no confías en tu pareja, quieres controlarla todo el tiempo, la envidias ante la idea de salir con amigos, ¿puedes entender de dónde viene eso? Lo mismo ocurre con la codependencia, donde las personas tienen un miedo extremo al rechazo. Porque: "¡¿Si me deja?!" fin del mundo. Drama: "Sin amor no soy nada". Aparecen entonces en escena los celos, que deben impedir tan desafortunado desarrollo de los acontecimientos. Por lo general, en tales situaciones, una fuerte necesidad de amor se combina con un miedo al rechazo. Una pequeña paradoja psicológica: Tal persona realmente quiere ser amada, pero al mismo tiempo tiene mucho miedo de que alguien la rechace.

Los celos son como un veneno que mata lentamente todos los sentimientos positivos en una relación. Si confías en tu pareja, trata de confiar hasta que te encuentres con una evidencia clara de que puedes dudar de ella de alguna manera. Recuerda que una falta de confianza irrazonable a menudo se considera una falta de respeto a un ser querido.

No hace falta que te deshagas de los celos, pero debes trabajarlos. Lo cierto es que, si eres propenso a este mal presentimiento, es bastante difícil lidiar con él. Cuando no puedes mirar la realidad racionalmente porque estás cegado por la emoción, es fácil cometer un error de juicio, y llevarte a una fea vida social que puede ponerse patas arriba. En casos severos, la única solución es consultar a un psicólogo o iniciar psicoterapia. Desafortunadamente, estos celos tienen que ser reconocidos primero. Esto puede ser lo más difícil porque no siempre tenemos una imagen saludable de nosotros mismos.

Además, pocos están dispuestos a admitir sus celos morbosos, porque los consideran sólo una debilidad. Pero el primer paso para deshacerse de él es comprender su causa y reconocerlo. Comienza con esto y si estás leyendo los mensajes de texto de tu novio sin que él lo sepa, grita: debes hacer algo con tu falta de confianza en ti misma.

Motivos de los celos en las relaciones

Los celos pueden fortalecer una relación siempre que se mantenga bajo control. Un poco de celos puede calentar los sentimientos y añadir color a la vida. El exceso puede matar el amor, alejar a los amigos, crear complejos e incluso causar neurosis. Los celos nos acompañan toda la vida. Según los psicólogos, cuanto más celosa sea una persona, menor será su autoestima. ¡Los celos están en nuestros genes!

Envidiamos lo que valoramos. Automáticamente nos comparamos con los demás: él tiene y yo no, ella tiene y yo no. Es curioso la frecuencia con la que cometemos errores contra nosotros mismos. Exageramos nuestras debilidades y atribuimos nuestras fortalezas a los demás, a menudo de manera abultada. Sin embargo, este sentimiento no tiene por qué ser destructivo. También inspira una competencia sana y motiva positivamente la acción.

Celos razonables

El 17% de los hombres y el 31% de las mujeres admiten que deliberadamente pusieron celosa a su pareja. Por ejemplo, dicen cuánto les gustan a otras personas. Ella comenta: "John dice que tengo lindas piernas": Este mensaje para su novio significa "Soy atractiva. Trabaja tu amor hacia mí". También pasan de las palabras a la acción (aunque con menos frecuencia). Por ejemplo, las damas se envían flores y notas anónimas. Todos estos tratamientos están diseñados para mejorar la calidad de su relación.

Los celos son un barómetro del amor por una razón. Si las personas no están celosas unas de otras (interés en cuidarla), entonces hay algo mal en su relación. Los celos pueden fortalecer una relación siempre que sea saludable o manejable. Cuando un lado comienza a espiar, acechar, acusar y retener al otro lado, eventualmente caerá en sus propias trampas. En casos extremos, los celos pueden convertirse en depresión o agresión. A veces termina trágicamente. Muchos propensos a la depresión se terminan quitando la vida, y los que son agresivos matarán. Los estudios muestran que los celos son responsables del 20% de los casos de asesinato en todo el mundo. Los celos siguen a una persona desde el nacimiento hasta la muerte. Sin embargo, sus premisas cambian en función de la edad y las necesidades. Los niños velan por los intereses de sus padres y abuelos; tienen miedo de que se vayan o se les quite la atención y cariño, especialmente si aparece otro niño en la familia. Cuando llegan a la adolescencia, quieren cosas que los hagan lucir atractivos a los ojos de sus compañeros, como computadoras, teléfonos móviles de última generación, ropa de moda, etc. Los adultos prefieren casas, coches y vacaciones en el extranjero. Las personas mayores también se ponen celosas: alguien es más sano que ellos, parece más joven, tiene una vida mejor, etc. A veces incluso echan leña al fuego por el pasado de otra persona. Miran a otras personas: lo que han logrado, lo que han visto y experimentado. Si al compararse parecen peor de lo que son, se vuelven miserables y constantemente se sienten frustrados e insatisfechos. Desafortunadamente, a medida que envejecemos, nos volvemos cada vez más celosos

No hay amor sin celos

Cuando amamos a alguien, queremos poseerlo tanto física como emocionalmente. Tememos que desaparezca, por lo que hacemos todo lo posible para evitar que suceda. De ahí la eterna duda y la insatisfacción.

Los celos retrógrados existen entre los ex amantes porque temen la aparición de otro amante en la vida de su ex pareja. Las investigaciones muestran que las parejas que se sienten menos atractivas en una relación en términos de apariencia física, estado profesional, social, económico, intelectual o emocional tienen más probabilidades de ser celosas. Si él mismo juzga mal sus oportunidades en el mercado amoroso, se pondrá aún más celoso de la persona con la que está, porque temerá perderla y no podrá reemplazarla.

Por lo general, los que hacen trampa tratan de autojustificarse: Arreglan la escena: "Porque si me pasó a mí, te puede pasar a ti", "Nadie es perfecto" "Ella me sedujo", y así esperan ser absueltos.

Otra cosa es no confiar en tu pareja. Si una persona ha sido traicionada antes, inconscientemente "espera" otra traición, y todas las situaciones similares le parecen sospechosas. En general, los hombres son sensibles a la infidelidad sexual y las mujeres a las del tipo emocional. Los hombres no quieren criar a otros hijos, y la infidelidad de una mujer pone en duda su paternidad genética. Las mujeres piensan en los niños: "qué les pasará si yo decido separarme, y los niños deben pasar tiempo con la nueva pareja de mi ex esposo".

¿Qué género es el más celoso?

¿Son las mujeres más celosas que los hombres? ¡No! Pero... la mujer se distingue por una condición biológica: tienen hijos, y debe garantizar su crianza y alimentación, por lo que debe evitar que su pareja se convierta en un libertino y privar de recursos a su familia. Los hombres, por otro lado, reprimen sus emociones, creyendo que mostrarlas es de "poco hombre". También muestran los celos de manera diferente. Quieren demostrar que son... hombres de verdad, y que pueden proporcionarse a sí mismos y a su familia buenas condiciones de vida. Son más envidiosos del ingenio de otros hombres en la vida. El mundo es el mundo, y dos cosas lo demuestran: el poder y el dinero. Una casa y un auto son cualidades que prueban que un hombre tiene dinero. Y si puedes conseguirlos, significa que también tienes una gran mente.

Por otro lado, los hombres se sienten atraídos por las características de una mujer que asegura la salud de sus hijos: nalgas redondeadas, cabello grueso, senos firmes, que las hacen tan deseables. Por supuesto, las damas también compiten entre sí por el favor de los hombres. Usan una técnica engañosa de minimización hacia una potable contrincante: "Sería hermosa si no fuera por esas piernas y esos pechos pequeños", lanzan a su paso. Este enfoque funciona porque cada macho quiere asegurarse de que su presa sea totalmente valorada. Si nota que otras mujeres se burlan de aquella que ha llamado su atención, comienza a pensar: "¿Tal vez le pasa algo malo? A su vez, las mujeres, en círculo de amigas, suelen hablar mal de sus esposos, para que decrezca el interés femenino externo sobre él.

Capítulo 3
Celos patológicos

Los celos son una respuesta emocional natural al sentirse amenazado, especialmente en una relación.

En psicología, los celos se dividen en tres tipos básicos (psicología de la envidia), que son:

Celos reactivos: una respuesta emocional a la infidelidad física o emocional de una pareja.

Celos disruptivos: Cuando una persona cree que su pareja le puede ser infiel; puede causar ansiedad y no estar seguro de su propio valor.

Celos de propiedad: El "otro" es considerado como cosa propia, por lo que se tiene miedo de perderlo, y en consecuencia se ejerce un dominio constante sobre él /ella. Son celos patológicos que pueden convertirse en obsesiones. Los socios están constantemente bajo sospecha y su comportamiento es monitoreado constantemente. Esto se debe a la inseguridad en la relación o muy baja autoestima y creencias negativas que dominan la mente.

El tipo de celos más conocido es el "celo patológico de pareja", que pueden adoptar su forma extrema: los celos imaginarios. En psicopatología se denomina "síndrome de Otelo" y se caracteriza por la desconfianza, la agresión y el deseo de controlar y vigilar a la otra persona. El síndrome de Otelo es una enfermedad que debe ser tratada por un psiquiatra.

Vivir con una persona con este trastorno es muy difícil y muchas condiciones pasan desapercibidas. El síndrome de Otelo se caracteriza por la suspicacia, la agresividad y el deseo de controlar y supervisar.

Los celos patológicos se manifiestan en la sospecha constante de ser engañado por la pareja, por lo que se "debe controlar su comportamiento y culparla de la mala relación". En el contexto de los celos forzados, la depresión puede desarrollarse y, en casos extremos, conducir al suicidio o al asesinato. Las personas excesivamente celosas no pueden pensar racionalmente y, a menudo, beben mucho, lo que solo aumenta el miedo a la traición y conduce a comportamientos destructivos, como arrebatos de ira, discusiones y, como resultado, divorcio.

El género diferencia la experiencia de los celos y la forma en que las personas responden a la infidelidad de una pareja. Este mecanismo tiene su origen en la teoría de la evolución. Las mujeres y los hombres experimentan y reaccionan a los celos de manera diferente. Las mujeres prestan más atención a los motivos de su pareja y tratan de justificar la infidelidad con las necesidades sexuales de un hombre y el atractivo de una competidora.

Por otro lado, un hombre buscará las razones por las que su pareja está interesada en otro hombre, adjudicándolo a la necesidad femenina de atención y aprecio. Los celos en las mujeres están estrechamente relacionados con la tristeza y la depresión, mientras que los hombres son más propensos a reaccionar ante los celos con agresión e ira. Las mujeres también tienden a poner celosos deliberadamente a sus amantes para obtener algún beneficio, por ejemplo, en forma de mayor atención.

La tragedia de Otelo

Ahora es un buen momento para citar una historia corta sobre un personaje de una obra de Shakespeare que lleva el nombre de un trastorno mental. Hablamos del "síndrome de Otelo" (locura de los celos). Leer como una advertencia.

Otelo era un soldado valiente de avanzada edad al servicio de la República de Venecia. Se casa con Desdémona, la bella hija de un respetado senador veneciano. Luego, es manipulado por su antiguo alférez, Yago, en la creencia de que Desdémona es adúltera y que está teniendo una aventura con su lugarteniente, Casio. Otelo entra en un frenesí sospechoso y acusa a su esposa Desdémona de estar enamorada de Casio. Él amenaza su vida porque quiere que ella confiese su traición. Desdémona le pide a Otelo que llame a Casio, quien puede probar su inocencia. Pero resulta que Otelo había ordenado su asesinato antes. Desdémona comienza a desesperarse de dolor, porque se da cuenta de que ella también morirá: teme por su vida. Otelo interpreta esto como dolor por la pérdida de su supuesto amor... y... él la mata.

Si tenemos un problema grave de celos, es fácil confundirlo con dicho relato. Lo único que hace falta para llegar al punto de la locura o la miseria es mentirse uno mismo, buscar el engaño en casi todo y seguir peleando con tu pareja.

Los celos pueden destruir incluso los mejores sentimientos. Muchos psicólogos creen que los celos en el matrimonio pueden afectar negativamente no solo a la pareja, sino también a los hijos. Por lo tanto, a menos que tenga pruebas sólidas e irrefutables de que su novio le ha sido infiel, debe tratar de evitar sus celos. Recuerde que la confianza en una relación es la piedra angular de cualquier unión entre un hombre y una mujer, y sin ella no se puede construir una relación duradera.

Para aquellos que necesitan un impulso, un poco de celos es muy útil. Sin embargo, los límites aquí son muy variables. Si se pierde el control de la situación, los celos patológicos pueden colarse en la sociedad. Cruza frontera con efectos devastadores tanto en la psique humana como en la relación misma.

¿De dónde vienen los celos patológicos? Hay muchas razones por las que los celos pueden volverse tóxicos, patológicos y destructivos. Esto puede ser un obstáculo para creer en si mismo. Una persona que los padece y que siempre se considera inferior es el mejor modelo. Por eso, siempre ha creído que la pareja pronto encontrará a alguien más, alguien más digno. La baja autoestima es una causa muy común de celos en las relaciones, pero no es la única. Otros incluyen:

Síndrome de Otelo: Trastorno que afecta con mayor frecuencia a los alcohólicos, aunque también puede afectar a personas que nunca han bebido. Se manifiesta como celos morbosos y patológicos. En estos casos, el afectado ve traición en todas partes e interpreta incluso las acciones más mundanas como confirmación de sus teorías.

Repetición de la relación parental: La relación con los padres o los cuidadores de la primera infancia tiene una gran influencia en la psique humana y en la formación de la percepción de futuras relaciones. Si se ha vivido una niñez en donde los cuidadores expresaban desconfianza, celos o comportamiento posesivo, este patrón puede repetirse en la edad adulta, creando una relación basada en celos patológicos.

Autoestima relacionada con las opiniones de la pareja y de los demás: Está muy relacionada con la baja autoestima. Una persona se vuelve dependiente de lo que su pareja y todo el entorno piensen de él. De esta manera, cualquier crítica, incluso la más pequeña, eleva el problema a un nivel de extrema importancia que no puede ser derrotado, superado y mucho menos aceptado. Estas personas también creen que su pareja se encuentra buscando "algo mejor".

Creencia de que el amor es una mercancía que se adquiere: Esta creencia de que el amor incondicional no existe (En realidad solo se da entre padres e hijos) se encuentra exacerbada en esta tipología de celosos que consideran que los padres solo muestran amor y calidez solo cuando los hijos se comportan bien o no causan problemas. Estas personas crecen creyendo que el amor debe ganarse (es condicional) porque nadie ama a otra persona incondicionalmente; siempre es un trato donde el amor es difícil de conseguir a menos que seas absolutamente perfecto. Esto puede hacerles pensar que no se es la pareja adecuada (ya que nadie se puede considerar perfecto), por lo que el otro, advirtiendo esto, lo engañará en cualquier momento o ya lo hizo y está pensando en irse.

Independientemente de la causa de los celos patológicos, se trata de una emoción destructiva con la que hay que lidiar si se quiere cuidar las relaciones y la salud mental. Por eso es tan importante aprender a lidiar con los celos. Esto ayudará a fortalecer la relación y evitará que se desmorone y, en el caso de una ruptura por celos patológicos, puede ayudarte a hacer nuevos amigos y construir nuevas relaciones en el futuro.

Capítulo 4
Envidia

Seamos realistas: todos sabemos que somos envidiosos de una u otra manera, con un bajo o alto grado de presencia. Nuestro mejor amigo se casa, nuestro vecino muestra su nuevo auto y nuestro compañero de clase se gradúa con honores. Aunque no lo queramos, en ese momento se acumula una presión incómoda en el pecho. Sentimientos mixtos de vergüenza, baja autoestima y dolor, también llamados celos.

Eso no es todo. Los celos en sí nos preocupan porque son un sentimiento socialmente indeseable. A nadie le gusta ser percibido como envidioso, por lo que generalmente tratamos de reprimir o al menos ocultar el sentimiento.

La gratitud es el antídoto contra la envidia

La envidia es una emoción primaria, lo que significa que entra muy temprano en nuestra vida emocional. Al comienzo de la vida, las emociones de un niño cambian poco: los niños pequeños experimentan alegrías simples (por ejemplo, cuando son abrazados, besados) y por malestares simples (por ejemplo, cuando tienen hambre y lloran).

Uno de los primeros sentimientos que emergen de esta vida afectiva bipolar primitiva es la envidia. ¿Cómo sucede? Los niños hasta los 8 meses de edad aún no tienen en la mente los conceptos de tiempo, constancia, causa y efecto. Por lo tanto, cada actividad del bebé es "nueva". Por lo tanto, el niño no puede comprender que el pecho que lo alimenta es lo que extraña cuando tiene hambre. En su mente hay una imagen separada de "pecho bueno" que alimenta y "pecho malo", que tiene la leche, "pero no la da". Y ahí es cuando el bebé comienza a sentir odio y envidia, dirige toda su agresividad, todos los malos sentimientos hacia ese "pecho malo", lo odia precisamente porque ese pecho tiene "buena leche". Por supuesto, no hay evidencia directa de que esto es lo que está sucediendo en la mente de los niños pequeños, sin embargo, muchas pistas indirectas confirman esta creencia.

La envidia conduce a la destrucción de cosas valiosas en la vida. Con el tiempo, como resultado del desarrollo emocional, el niño puede volverse menos celoso. Esto sucede cuando la mente es lo suficientemente madura para entender que "buena lactancia" es lo mismo que pechos que "no alcanzan" cuando se necesitan. Entonces, en lugar de estar celoso, el niño comienza a sentirse triste (esto sucede alrededor de los 8 meses). La envidia, sin duda, comienza a convertirse en otra emoción más madura: sólo tristeza, depresión e incluso culpa inicial, seguida de otras emociones. Sin embargo, también hay casos en los que se suprime el desarrollo emocional durante esta fase. La tristeza y la depresión pueden ser tan intensas y desagradables que la mente comienza a repelerlas y "regresar" a la envidia. Entonces el desarrollo de las emociones se detiene. En la edad adulta se manifiesta de muy diversas formas, dificultad para expresar admiración, dificultad para respetar a los demás, dificultad para experimentar la alegría de estar con cosas y personas que admiramos, falta de autoridad, etc. Lo más peligroso, sin embargo, es que el contacto con cosas o personas bellas y buenas provoque el deseo de destruirlas. Si la envidia es muy fuerte, puede destruir toda nuestra vida porque inconscientemente comenzamos a destruir las cosas que son realmente valiosas y hermosas en nuestra existencia.

Emoción relacionada: Celos.

Los celos siempre surgen cuando alguien nos desafía por nuestros recursos emocionales: cuando una pareja nos engaña o incluso simplemente presta demasiada atención a otra persona. Los celos se dan no solo en las relaciones amorosas, sino también en las amistades. Los bebés también pueden ponerse celosos cuando mamá abraza a otro bebé. Los celos, por otro lado, involucran no solo recursos emocionales, sino también posesiones, éxito y habilidades.

Los celos están estrechamente relacionados con otra emoción no deseada

Alegría maliciosa. Esto incluso se puede ver en el cerebro, como lo demuestra un estudio realizado por un equipo dirigido por el japonés Hidehiko Takahashi, que se publicó en la revista Science en 2009. Los investigadores hicieron que sus estudiantes leyeran un texto sobre un compañero de estudios ficticio en un escáner cerebral. "Brilla en todas las áreas imaginables: tiene excelentes notas, celebra el éxito deportivo y está felizmente asignado".

Aquellos que sintieron envidia mientras leían mostraron activación en la corteza cingulada anterior, una región asociada con el procesamiento de emociones negativas. Cuando los sujetos de prueba se enteraron de un percance por parte del chico modelo, reaccionaron con júbilo.

Otra área del cerebro se activó: el cuerpo estriado, que, a diferencia de la corteza cingulada anterior, está asociada con el procesamiento de estímulos de recompensa. Cuanto mayor es la envidia inicial, mayor es el deleite ante la desgracia.

¿Cuándo estamos particularmente celosos? La envidia siempre surge cuando nos comparamos con ciertas personas.

Tres factores influyen en cómo experimentamos la envidia:

Significado personal:
Solo nos ponemos celosos cuando se trata de cosas que son importantes para nosotros. Es más probable que las personas que valoran la aptitud física se evalúen y se comparen con otros en la misma área, más que en sus habilidades matemáticas.

Tendemos a estar celosos de aquellos que conocemos y estamos cerca. Así que nuestro resentimiento es más hacia nuestra propia hermana que hacia una celebridad rica y hermosa como Kim Kardashian.

Cuanto más se parezca el oponente a nosotros, más dolorosa será la comparación cuando perdamos el partido. Es más probable que explotemos de envidia si alguien de nuestra edad, del mismo sexo y en la misma industria es más alto que nosotros, que alguien mucho mayor con quien no tenemos nada en común.

¿Qué significa este sentimiento?

Los celos surgen de una necesidad humana básica de sentirse importante y valioso. Además, nos esforzamos por mejorar nuestro estatus en la jerarquía social. Si estamos en desventaja en un grupo, desde un punto de vista evolutivo, amenaza nuestra supervivencia y éxito reproductivo. De acuerdo con la "Teoría de la comparación social" de Leon Festinger, obtenemos información sobre nosotros mismos al compararnos con los demás, especialmente en ausencia de estándares objetivos. La mayor parte de la información se presenta en comparación con otros que son similares a nosotros en muchos aspectos. Si perdemos en esta comparación, surge la envidia. Esto puede llevarnos a menospreciar el éxito de los demás y posiblemente a sabotearlo. Pero existe otra posibilidad: que el "lado bueno" de la envidia nos impulse a ser mejores versiones de nosotros mismos, a trabajar por nuestros sueños. En este sentido, la envidia es una señal de advertencia de que podemos mejorar en áreas que son importantes para nosotros y es un poderoso motivador para hacerlo.

¿Qué tan mala es la envidia?

La envidia también puede ser destructiva. Puede envenenar las relaciones e incluso hacer que las perdamos.

Un experimento en 2001 demostró de manera impresionante de lo que es capaz nuestro retorcido sentido de la justicia. El economista Daniel Zizzo, que por entonces trabajaba en la Universidad de Oxford, realizó una serie de experimentos en los que enfrentaba a cuatro sujetos de prueba en un juego de azar virtual. Sin embargo, era injusto: algunos jugadores podían realizar más apuestas que otros, por lo que tenían más chances de ganar. Una cláusula estipulaba que antes de que todos los jugadores retiraran finalmente sus ganancias, tenían la oportunidad de reducir las ganancias de sus oponentes a un precio determinado con un clic del mouse, por lo que también tenían que devolver parte de su dinero. Aquí hay una sorpresa: dos tercios de los sujetos de prueba aprovecharon esta opción, quemando la mitad de todas sus asignaciones ganadoras en su detrimento. Odiamos tanto a otras personas que tienen mejores cosas que desearíamos que no tuvieran nada. Como dicen, la envidia se come a su amo.

¿Cómo lidiar con la envidia?

Un cambio de perspectiva a menudo ayuda. En lugar de envidiar a los demás por adquirir más bienes que nosotros, es mejor mirar el lado positivo: si analizamos sus casos, podemos tener más en claro de cómo hacer fortuna, y mientras más personas ricas existan, más posibilidades hay que el país y las oportunidades de progreso crezcan. Dado que la envidia se basa en comparaciones sociales desfavorables, cambiar tu punto de referencia también puede ayudar.

Suena trivial, pero en lugar de compararse siempre con los mejores, puede ayudar si nos comparamos con los menos afortunados en el campo. Los psicólogos hablan de la comparación a la baja, que puede aumentar la autoestima y el bienestar.

Otra estrategia para combatir la envidia es establecer conscientemente objetivos que no dependan del éxito de los demás. Lo mejor es cuidar su propio césped para que ni siquiera se dé cuenta de que el césped puede ser más verde al otro lado de la colina.

Capítulo 5
Lidiar con los celos y la envidia

¿Cómo se suelen tratar los celos?

Aquí hay algunas maneras:

• **Mejorar la calidad de las relaciones**: por ejemplo, prestando atención a la apariencia, involucrándose más en las tareas del hogar, brindando apoyo a las parejas.

• **Devaluación de pareja**: darse cuenta de los defectos del otro (No creer que es perfecto/a y sentirse menos); con ello se logra equilibrar la comparación y uno se siente mejor consigo mismo (o al menos: no menos).

• **Buscar alternativas en donde depositar nuestra libido**: buscar otros objetivos que se centren más en las tareas del hogar, el trabajo y los hijos.

• **Intervención en situaciones de amenaza**: reducir el atractivo del oponente para no sentirse inferior.

•**No negar que hay un problema.**

• **Evitar las preguntas negativas u ofensivas**: Si tiene una inquietud haga la pregunta con franqueza.

• **Combatir las barreras entre aquellos que le impiden abandonar la relación**. Si bien vale la pena escuchar, también debe sentirse libre de seguir sus sentimientos, pensamientos y tomar sus propias decisiones.

• **Elimine mecanismos psicológicos como el "embarazo"** para retener a tu novia/o.

• **Manifestar y buscar apoyo**: Exprese su disgusto por sus sentimientos negativos, hable con amigos, busque apoyo profesional si lo considera necesario.

La clave es ser lógico, no celoso. Los métodos anteriores no siempre funcionan y no garantizan la satisfacción en una relación.

Si tan solo pudiéramos tener conversaciones valientes, honestas y profundas sobre lo que está pasando entre los socios, lo que cada uno necesita, lo que falta, incluso cuando enfrentamos una crisis grave; todo sería diferente. A menudo, las parejas acuden a terapia matrimonial después de una infidelidad. Si desde el principio tienen una base sólida, pero en algún momento sus caminos comienzan a divergir por cuestiones externas o internas, reconocer la crisis a tiempo les permitirá continuar hablando, encontrando soluciones desde la misma base común. La discusión y la terapia pueden trabajar juntas para abrir capítulos nuevos y más profundos en la vida, a pesar de las controversias.

Las conversaciones profundas, honestas y buenas son la mejor manera de construir un vínculo amoroso saludable, fortalecer una relación y prevenir algo malo al mismo tiempo.

Debería hablar con su pareja de todo, incluso de los celos y ansiedad. Decirnos que no jugaremos, no traicionaremos y que no nos chantajearemos emocionalmente. Le diríamos de manera elegante que se ha pasado de la raya, como si estuviera pasando demasiado tiempo con sus compañeros de trabajo: "Oye, llévame contigo en este viaje de integración, porque ya me da un poco de bronca que te vayas con gente de la empresa tan a menudo". Cuando hay una buena y saludable comunicación mano a mano, todos los temas pueden ser discutidos

Método de control

Los celos son un sentimiento desagradable y las personas reaccionan ante ellos de formas muy diferentes: Insomnio, arrebatos emocionales, discusiones, pérdida de concentración en los asuntos cotidianos, son solo algunas de las consecuencias de los celos. Las mujeres son más propensas a tratar de salvar o mejorar las relaciones. Los hombres hacen frente a los sentimientos desagradables tomando medidas temporales para reforzar sus egos heridos, aunque esta no es la regla general. No existe una bala de plata para lidiar con las dificultades y los celos en las relaciones.

Piense en lo que nos motiva detrás de nuestros celos y cuándo los experimentamos. ¿Los celos se deben a la vergüenza, la ira, la culpa, el odio a la pareja o a uno mismo, la frustración o la impotencia? ¿Quizás sientes que tu pareja no es tan importante? Los celos son una preocupación por la estabilidad de la relación, a pesar de la falta de amenazas reales y competidores potenciales.

Vale la pena hablar abiertamente sobre tus sentimientos, necesidades y miedos con tus seres queridos. Es posible que descubras que tu pareja no sabe que te preocupas por su comportamiento. Quizás una conversación honesta te haga entender que, si él o ella se involucra socialmente con el género opuesto, eso no significa que exista peligro que te traicione. Después de todo, si consideras a tu pareja atractiva y es imán de miradas ¿acaso no es bueno para ti, ya que fuiste el elegido?

Los celos sanos están en cualquier relación, pero no pueden dominar ni destruir el amor que se ha convertido en el vínculo de una relación.

¿Cómo deshacerse de ellos?

Para lidiar con los celos patológicos, debe pensar en su comportamiento y responder algunas preguntas:

• ¿Cuál es la causa de tus celos, es racional o el resultado de algún fenómeno imaginario?

• ¿Qué tanto depende tu autoestima de la opinión de tu pareja?

• ¿Vale la pena dedicar toda tu atención a tu pareja, en vez de reservar algo de energía para perseguir alguna otra pasión?

• ¿Cuáles son tus sentimientos y necesidades? ¿Contrastan con los de tu pareja?

Muy a menudo, la relación entre un hombre y una mujer se rompe debido a los celos morbosos de uno de los cónyuges. Entonces, antes de comenzar a hacer acusaciones infundadas e insinuaciones desagradables sobre tu novio, piensa en las cosas positivas que traerá a tu relación. ¿Esto mejorará su relación o la destruirá por completo?

Celos masculinos

Aquí hay algunas maneras de lidiar con los arrebatos de celos masculinos en su relación:

Sientes celos cuando otros hombres se interesan por tu pareja. La vieron en la calle o se le acercaron en los clubes. Pero no olvides que, si encuentras atractiva a tu mujer, los demás también lo harán. Entonces sus acciones solo confirman su belleza y feminidad. En este caso, vale la pena controlar tus celos antes de que se conviertan en algo más grande y comiencen a causar estragos en ti. Así que deberías hablar con tu mujer sobre cómo te sientes y qué piensas, y a cambio ella debería poder asegurarte que no tiene ningún interés en coquetear con otros hombres. ¿Qué pasa si eres del tipo al que no le gusta abrirse y no quiere hablar sobre lo que realmente sucedió? Entonces existe la posibilidad de que tu relación se vuelva cada vez más complicada, y será difícil mantener la felicidad y la paz emocional. El silencio y los eventos inexplicables fomentan sentimientos de celos, ira y resentimiento, y como resultado la relación se vuelve cada vez más insatisfactoria para ambas partes. Incluso puede ser motivo de divorcio.

Celos femeninos

Los fantasmas de parejas pasadas pueden desencadenar pensamientos aterradores. Cualquiera pensaría que nunca se olvidará los buenos momentos que pasó con él, el mejor sexo o las vacaciones juntos. Sin embargo, recuerda que las relaciones pasadas se rompieron por una razón.

La comunicación es la llave que abre la puerta a la comprensión y procesamiento de imágenes destructivas. Es muy importante hacerle saber a tu pareja cómo te sientes y darle la oportunidad de compartir por qué eligió estar contigo.

Es posible que tu vecina vea a tu esposo más seguido que ti, y probablemente coquetee con él cada vez que lo vea en la calle. ¿Crees que tuvo una aventura con él? ¿O él está planeando dejarte? La respuesta, por supuesto, es no. Sin embargo, vale la pena darse cuenta de que cualquier situación que percibas como una amenaza puede generar ansiedad y dudas constantes. Por eso, la mejor solución es hablar con tu pareja y explicarle cómo afecta su comportamiento a tu bienestar. Es posible que descubras que no es consciente de tus sentimientos y de la amenaza que sientes por su comportamiento.

Tal vez ella él te hizo mal, pero lo amas demasiado como para dejarlo ir. Sin embargo, te preguntas cómo puedes volver a confiar en él.

Resulta que lo que más molesta a las personas engañadas es la sensación de que ya no son lo primero en la vida del otro. Estas personas se sienten heridas no solo porque han sido traicionadas, sino porque sus sentimientos han sido vejados y su confianza se ha perdido al mismo tiempo. Entonces, ahora más que nunca, tu pareja necesita la seguridad de que tú eres con la única que desea estar. Así que no tengas miedo ni vergüenza de hablar con él abiertamente y discutir cómo se sienten los dos acerca de su relación actual y si están buscando seguir adelante juntos.

Cómo lidiar con los celos patológicos

Demasiados celos pueden destruir cualquier relación, incluso la mejor. A nadie le gusta que lo controlen: los celos patológicos de una pareja van acompañados de una intensa necesidad de controlar cada etapa y aspecto de la vida del otro, hasta el más pequeño. Pueden matar incluso al amor más grande, así que, si te preocupa tu relación, así como tu salud mental y tu bienestar, debes luchar contra ellos, ya sea como víctima o acosador. Vale la pena centrarse en mejorar la relación en sí. Lucha por tu intimidad y encontrarás dentro de ti lo que te hizo iniciar la relación. Pasen tiempo juntos, planifiquen un viaje fuera de la ciudad o simplemente tengan un fin de semana para ustedes. Si siente que su relación está prosperando, sus sentimientos de celos disminuirán.

• Sea honesto acerca de sus sentimientos y no tenga miedo de hablar con su pareja sobre sus sentimientos, necesidades y expectativas para la relación. Esto le permitirá construir relaciones sobre una base sólida y establecer límites. No intentes complacer a tu pareja a toda costa, por miedo a que se vaya. No se obsesionen el uno con el otro, no traten de controlarlos y rodéenlos de su amor. El amor es un sentimiento maravilloso, pero si se malinterpreta, puede convertirse en un sentimiento muy dañino del que tu pareja intentará deshacerse.

• También vale la pena trabajar la autoestima y la lucha contra los complejos que pueden ensombrecer cualquier relación y provocar estallidos de celos salvajes y completamente injustificados. No es nada fácil. Lidiar con tus complejos o imperfecciones, tus sentimientos o los patrones que se han formado en tu cabeza a lo largo de los años no es un proceso rápido y fácil. Así que no tengas miedo de pedir ayuda y apoyo.

• Si realmente quieres ayudarte a ti mismo y a tu relación, la psicoterapia es una buena idea. En la terapia de pareja, tienes la oportunidad de aprender a ser honesto el uno con el otro y mejorar la comunicación con tu cónyuge. Esta terapia es una oportunidad para redescubrirse a sí mismo y fortalecer los cimientos de tu relación. Sin embargo, en casos de celos patológicos, la psicoterapia individual también puede ayudar. Es muy importante determinar las causas de los celos: pueden ser muy profundos en la mente y completamente inconscientes. Una vez que comprendas los mecanismos de tus celos o envidias, puedes comenzar a trabajar en ti mismo y desarrollar patrones nuevos y más saludables.

Todo importa: los celos patológicos pueden sabotear y nunca permitirte formar una relación verdaderamente duradera con otra persona.

Formas de controlar los celos

Los celos pueden arruinar la vida de la persona envidiosa y a su pareja. Tarde o temprano, el compañero atormentado se va solo con la decepción. Sin embargo, no trates de eliminar por completo los celos. No tendrás éxito de todos modos. Sin embargo, necesitas controlar tus emociones. Deja que los celos sean la fuerza impulsora, no el desamor. Primero, mírate a ti mismo: ¿cuándo te sientes molesto, triste o enojado? Entonces, ¿qué le sucede a tu cuerpo y a tu mente? Una vez que sepas cuáles son tus mayores problemas, será más fácil lidiar con ellos:

1. No te compares con los demás
Acepta que siempre habrá alguien mejor, más atractivo, más inteligente, más rico, etc. que tú. Compararte constantemente con los demás solo te complicará la vida. También es faltarte el respeto a ti mismo. Porque significa que te sientes inferior a los demás.

2. Creer en ti mismo
Acepta quién eres. Mírate en el espejo con más frecuencia. Pero no seas tan crítico y no te señales los

defectos del cuerpo. En su lugar, piensa en lo que te gusta de ti misma: ¿busto? ¿cintura? ¿piernas? Acentúalo con un outfit a juego. Cuando ganas confianza, dejas de ver a cada mujer hermosa como una competidora potencial.

3. Vive tu vida

Encuentra algo absorbente, de lo contrario estarás constantemente enfocado en el negocio de tu socio. Los hombres suelen quejarse de que las mujeres (sobre todo cuando no están trabajando), por aburrimiento, tienen visiones diferentes de "lo que ellos hacen fuera de casa". Y con el tiempo... ¡se empiezan a asentar! Además, no limites su libertad. ¡Solo alimentará tu sentimiento negativo!

4. Volverse (auto)crítico

Mírate objetivamente a ti misma y a él. ¿Quizás sus celos fueron causados por algún comportamiento tuyo? ¿O tal vez está en crisis? Felicítalo por un trabajo bien hecho, cómprale un regalo y hazle saber que todavía significa mucho para ti. El amor es como una flor, si no la riegas, se marchita.

Si sospechas constantemente que tu pareja te engaña y le pones excusas, terminarás siendo realmente traicionado; porque pensará: "Ya piensa que le soy infiel". Si descubres que confías plenamente en él, sin duda hará cualquier cosa para no decepcionarte.

5. Valora lo que tienes

¡No te engañes pensando que otros tienen lo mejor! ¿Estás celoso de que tu amiga tenga un esposo rico, hijos mejor educados, mejor auto y apartamento? ¡Recuerda, esta es tu opinión! Pero, ¿es realmente así?

Todo el mundo tiene sus problemas. Confía en mí, lo que es una ventaja para ti puede ser una desventaja para otra persona.

6. Controlar el mal humor

Ingresa todas las variantes cuando te sientas con celos. Pero no te concentres solo en los sentimientos negativos. Por ejemplo, si tu esposo ha estado hablando por teléfono con una mujer durante mucho tiempo, no asumas de inmediato que están teniendo una aventura. ¿Quizás es su colega? Tus problemas desaparecerán rápidamente o al menos no se convertirán en una obsesión.

7. Piensa en positivo

Sustituye las emociones negativas por positivas. Si te sientes incómodo cuando ves el auto de tu amigo, imagina que es el tuyo. Piensa a dónde vas, etc. Así que haz un plan para hacer realidad ese sueño. Apunta a alcanzar tus metas y tus problemas serán minimizados. Los celos desaparecen cuando tus sueños se hacen realidad.

8. Abierto y honesto

Antes de culpar a tu pareja por engañarte, escúchalo, evitando que cambie de tema o ponga excusas. Por tu parte evita hacer preguntas que solo admitan un rechazo o una confirmación. De seguro que no sabes todo el panorama y necesitas información sobre lo sucedido.

9. No guardes tu ira dentro

¡Explica, reclama! ¿Para qué están tus amigos? Hablar con los seres queridos alivia el estrés y le permite ver el problema desde la distancia. Si esto no ayuda, asegúrese de pedir ayuda a un psicólogo.

¿Cómo deshacerse de la envidia?

Como lo hemos citado, la envidia es una emoción primaria que aparece por primera vez en la infancia. La envidia de los adultos es el resultado de un desarrollo emocional reprimido en la primera niñez. La envidia puede tardar más en tratarse que otros problemas. Una persona envidiosa es muy reacia a aceptar ayuda y muchas veces niega que la necesite.

Comprender los mecanismos de la envidia puede liberarte de ella. La envidia conduce a la destrucción de cosas valiosas en la vida. Tratar de lidiar con esta conducta emocional es un proceso muy largo y difícil, porque las raíces son profundas y se extienden hasta el pasado lejano de nuestro desarrollo personal. Es común ver que, en terapia, cuando el analista se esfuerza por mejorar el estado emocional del paciente, este último comienza a destruir lo que le está ayudando. Se resiste a sanar abierta o implícitamente cuando siente que algo podría traerle alivio.

Cuando estamos envidiosos, queremos lo que tiene la otra persona: talento, atractivo, capacidad, etc. El celo a menudo nos impulsa a luchar por nuestro propio objetivo o a desarrollar cualidades que otros admiran. La envidia es una emoción más primaria. Cuando envidio el auto de mi vecino, desearía tener uno. Pero si estoy celoso, espero que su auto se descomponga, tengo ganas de rascarlo con la uña y me alegro de que mi vecino haya tenido un accidente. A veces los celos se manifiestan en el deseo de que nadie más tenga lo que nosotros tenemos. Esto sucede a menudo con los niños que no permiten que otros jueguen con sus juguetes, incluso si en realidad no están jugando con ellos. Los celos son una emoción destructiva que, en lugar de motivarte a hacer el bien, te incita a destruir algo valioso. Los celos tienen una paradoja: cuando pensamos que alguien es digno, cuando lo admiramos y lo deseamos, ¡queremos destruirlo! Algunos hablan del "complejo maradoniano" (el hábil jugador de fútbol argentino Diego Maradona) ya que era "amado y odiado" por las mismas razones. Entonces este sentimiento solo debería aparecer en nuestros pensamientos y no en nuestras acciones.

La esencia de la envidia es que alguien nos da algo bueno con valor real, y la persona celosa no admitirá que es bueno para él, es crítico, no puede aceptarlo e incluso niega que lo necesita. Otros reaccionan paradójicamente al trato reconfortante: ¡se siente cada vez peor! Sus celos lo llevan a sabotear los esfuerzos del terapeuta y, con el empeoramiento de su condición, demuestra que "lo bueno es malo". Después de todo, la curación lleva más tiempo que otras. Afortunadamente, al conocer todos los mecanismos y síntomas de tus celos, puedes deshacerte de ellos y superarlos. Esto sucede no solo durante la terapia, sino también cuando estamos rodeados de buenas personas y aprendemos a apreciar estar cerca de ellos.

Capítulo 6
Codependencia

Hay muchas definiciones de codependencia. En este capítulo, intentaremos transmitir el significado completo de la codependencia en un lenguaje sencillo.

En el pasado, el término se usaba solo para mostrar la relación insana entre una persona y un adicto al alcohol, las drogas o cualquier otra adicción. El término "codependencia" ahora se usa en un sentido más amplio. De cualquier manera, es "el apego indebido de una persona a otra en términos de custodia, control, poder y exigencias". Cada papel es diferente.

La adicción puede ser emocional, física e incluso financiera. Ahora, mires donde mires, en cierto modo, siempre una persona está controlando a la otra y esta última le obedece. Las relaciones son un juego de poder y se rigen por la ley del mercado "alguien tiene una necesidad y otro la satisface".

En ciertas relaciones o familias, hay personas que salvarán al pariente alcohólico porque "es mejor para él", sin tomar las medidas efectivas que aconsejan los especialistas. Es peor aún si ya se han tomado los pasos que se creen necesarios para cambiar el rumbo, sin distinguir si la búsqueda de bienestar es para el adicto o para quién brinda la ayuda. Por lo tanto, la adicción de un ser querido puede empeorar con la ayuda misma. En otras familias, siempre hay alguien que se siente héroe y "salva" a sus seres queridos, por lo que necesita de enfermos en su entorno. En una cuarta familia hay un tirano o un abusador: una persona humilla y aterroriza a otro ser querido, lo golpea o lo hace doblegar a su voluntad. Todo esto y más se aplica a las relaciones codependientes.

Es decir, los codependientes tienen un deseo irresistible de controlar a los demás. Esta es una definición simple de "codependencia". Veámoslo con más detalle:

Tipos de codependencia

En general, se acepta que solo hay tres posiciones en esta relación: el rol de **salvador,** el rol de **víctima** y el rol de **perseguidor**. Pero el progreso no se detiene, veamos los 4 tipos principales de relaciones codependientes.

- **La primera**: **falta de equilibrio**. Uno de los socios solo toma y no da nada a cambio. Este es un patrón de comportamiento común en el mundo actual. Toda responsabilidad recae en uno de los socios. La otra persona tiene una necesidad constante de confirmar sus ideales y significado. Es decir, en la primera relación de dependencia prevalece el patrón de conducta del espejo. ¿Conoces el dicho: "Espejo, espejo, di..." En esta relación, un codependiente es una persona que constantemente pide y espera gratitud, admiración, que se cumplan sus deseos primero, que se le admire su perfección. Si no se logra el efecto deseado de manera natural, lo buscan a través de la presión, el escándalo, la manipulación, o simplemente buscan un nuevo "espejo" eligiendo una nueva pareja. ¿Conoces a alguien en esta relación codependiente? quizás.

- **La segunda forma.** Es una relación física y emocionalmente abusiva con uno de los socios. No hablaremos ahora de violencia física, aquí todo es intuitivo y claro. "El que pelea, significa que ama" - por cierto, muchas personas conocen ese dicho. Sí, "El Tirano y la Víctima" trata sobre esa relación.

Echemos un vistazo más de cerca al abuso emocional. Esto es mucho más importante.

Usualmente notamos esto cuando las palabras "siempre piensas solo en ti" salen de la boca de uno de los amantes y sus ojos se vuelven helados. En este punto nos dijeron que no querían hacerlo a nuestra manera. Esto se conoce como "frialdad y abandono" en las relaciones codependientes. O, por ejemplo, cuando una persona provoca la culpa de otra persona: "¿Estás de mal humor otra vez?" "¡Has entendido mal todo! Te lo dije...". También es uno de los patrones que tiene un impacto emocional en las personas codependientes.

Otra forma de manipulación es "Primero extorsión, luego acción afirmativa". Es decir, al principio la pareja solo provoca emociones negativas: culpa, responsabilidad, vergüenza. Luego le obsequia algo muy lindo y le muestra ternura y cuidado. Por lo tanto, enseña a la víctima a no resistir el comportamiento negativo, sino a acostumbrarse a él. Nuevamente, la frase "zanahoria y palo" es muy apropiada aquí. Aunque las proporciones no son del todo correctas.

Otro patrón de comportamiento de "tiranía y sacrificio" es cuando un compañero castiga con su desaparición. Cuando regresa, moralmente y con indirectas le hace culpable al otro por su ausencia, y el codependiente en este caso está obligado a pedir perdón, tratando que su socio no se vuelva a ir. En este sentido, una persona cambia la situación a su favor, cambiando los hechos. Definitivamente hará todo lo posible para que la otra persona, sin siquiera darse cuenta de lo que está sucediendo, comience a pensar que realmente está equivocada, y que tiene la culpa.

El significado de estas relaciones de codependencia está en la sumisión y la inclinación del compañero a someterse, privándose de la voluntad de elegir por sí mismo.

• **La tercera forma**: Este patrón radica en el hecho de que una persona percibe el mundo como cruel y constantemente busca refugio en algún lugar o con alguien.

Evita los problemas en lugar de solucionarlos. Para él, el jefe siempre es estricto. La gente es cruel y deshonesta. Los familiares no le entienden. En tal relación, uno de los socios necesita protección, mientras que el otro es fuerte y protector. En tal relación, a menudo habrá socios "débiles" y otros "fuertes".

En este tipo de codependencia, generalmente se da en una relación con un alcohólico o un adicto. Uno de los miembros de la pareja priva al otro de sus necesidades. A menudo, un compañero o familiar se presenta como más fuerte, más inteligente y más responsable; con los pergaminos para regir en la vida del otro.

Los codependientes tienen un fuerte deseo de ayudar a su pareja y tomar decisiones por ella. "Sabía que sería mejor" y "Él no puede vivir sin mí" son algunas de las frases y pensamientos favoritos de este tipo de personas. Ayudar a un ser querido a dejar de beber puede parecer una buena intención, pero agregar todo tipo de drogas no le hace darse cuenta de que está lastimando a su ser querido. En este caso, lo mejor es contactar con un psicólogo o anestesiólogo de la clínica.

Si toma una decisión por un alcohólico o drogadicto, el resultado no será positivo. Esto ha sido probado durante décadas. Una persona adicta está obligada a decidir de forma independiente sobre la renuncia a un hábito cautivador. Pero toda persona codependiente puede ayudar al amado adicto. En cuanto a los especialistas, cada una de las partes podrá comprender cómo actuar para lograr un resultado positivo. Por supuesto, si el adicto tiene dudas o una gran indecisión, las conversaciones motivacionales con un médico experimentado en este campo ayudan.

• **La cuarta forma:** Cuando uno de los cónyuges independientemente rechaza sus necesidades por el bien del otro.

Un socio fuerte se "disuelve" en complicidad, negando sus deseos y limitaciones. El segundo compañero es el mejor para él: es más inteligente, más fuerte, más hermoso, más divertido, etc. Así, la persona codependiente dedica su vida a la otra persona. Usa las siguientes palabras e incluso piensa de manera similar: "No soy nada sin él", "Vivo solo para él", "Él es todo el sentido de mi vida".

Para una persona codependiente, toda la verdad de la vida radica solo en los intereses y valores de la otra pareja. La segunda voluntad es la ley. Los codependientes no tienen deseos, metas o creencias, opiniones o motivos propios. El codependiente transfiere la responsabilidad al otro socio. Por contradictorio que suene, es como jugar a niños débiles y adultos fuertes.

Signos de codependencia

La codependencia en el alcoholismo o en el uso de drogas, así como otros factores relacionados, juegan un papel importante en esta relación. El codependiente trata de arreglar el alcoholismo en la persona amada: intenta proteger su conducta o solucionar su problema. Al mismo tiempo, la adicción al alcohol o las drogas empeora, y el alcohólico o drogadicto comienza a echarle toda la culpa al codependiente. Comienza a acusarlo del hecho de que:

• Es responsable por su consumo de alcohol o drogas.

• No lo aconsejó o no lo detuvo a tiempo.

Son los familiares cercanos los que son codependientes aquí, los que intentan ayudar arbitrariamente y los que han caído bajo la influencia de un ser querido alcohólico o drogado.

En este caso, ambos necesitan ayuda.

Los signos incluyen:
* Deseo de cuidar al adicto
* Tolerancia por su comportamiento inaceptable.
* Sentirse culpable por el malestar del otro.
* Negación del problema de codependencia.
* Depresión o apatía.
* Exclusión de contactos sociales con el mundo exterior, ya que su vida se centra en el enfermo.
* Excesiva responsabilidad y ganas de ayudar.
* Sacrificio inexistente o inventado.

Si nota que empieza a someterse a los intereses de un adicto a diferentes sustancias, comuníquese con una clínica donde le puedan ayudar. De hecho, a menudo, al no comprender cómo sobrellevar tal enfermedad, los codependientes comienzan a usar drogas para superar la situación.

El programa de 12 pasos también puede ser una forma de salir de las relaciones codependientes. Este es uno de los métodos que ayuda a afrontar el problema de las relaciones codependientes. Pero no es el único.

La psicología de la codependencia

Te contaremos una historia real y muy triste sobre lo que llevó a la ignorancia sobre la codependencia en las relaciones y la elección incorrecta del tratamiento.

Una niña desde la infancia, cuando su madre comenzó a beber después de que su padre dejara a la familia por otra mujer, trató de "ayudar a su madre a dejar la bebida". Le tomó 28 años. Esto es mucho tiempo, es un tercio de la vida. Pero el amor por su madre y la pronunciada codependencia la perseguían.

A veces, su ayuda tuvo éxito, pero, como sucede a menudo, esto fue solo un efecto temporal. Su mamá empezó a beber de nuevo. Cuando la hija dio a luz a un hijo, su madre "cobró vida", tenía el significado de la vida en su nieto, comenzó a beber con menos frecuencia, pero aun así no se detuvo. El dolor por la ruptura y la traición de su esposo la perseguía. Para ella no tenía sentido nada.

Y parece que ahora hay una razón: un nieto, tan esperado y maravilloso ... Pero no. Y cuando el niño creció un poco, ya tenía sus propios pasatiempos, la abuela no se volvió tan popular como pensaba. Volvió a perder el sentido de la vida. Comenzó a beber alcohol descontroladamente de nuevo.

Después de un tiempo, las manos de su hija cayeron, una vez más no salvó a su madre, simplemente estaba cansada de luchar. Y en uno de esos días, cuando su madre ya había dejado de comer, pero solo tomaba alcohol y dormía, su hija le dio un medicamento que ayudaba con la resaca. Un día después, su madre falleció.

Decir que esto es un gran dolor para la hija, que la perseguirá durante muchos años, es no decir nada. Los padres no son elegidos, pero la madre es la persona más cercana y querida, cuya pérdida es irreparablemente pesada.

Esta historia es real. Ella tiene mucho dolor. Desafortunadamente, conocemos demasiadas historias de este tipo.

Si la hija hubiera sabido o aceptado que había otra salida: ir a un psicólogo en una clínica de tratamiento de drogas junto con su madre, para resolver todas las razones del malestar: miedos, rabia, ira, incomprensión, rechazo y otros sentimientos importantes, la historia hubiera sido otra. Ella simplemente no lo sabía entonces, ahora lo entiende.

No espere los momentos más tristes de su vida. Contacte con los profesionales adecuados. Encuentre una solución segura y correcta.

La codependencia en las familias alcohólicas

Hoy, en una familia con un alcohólico o un drogadicto, las preguntas más importantes son:

"En una vida adicta, ¿qué causa un ansia abrumadora por el alcohol o las drogas?"

"¿Qué pueden cambiar, ver y aceptar los miembros de la familia en el sistema familiar?"

"¿Qué pasó con el sistema humano y familiar, y por qué está sufriendo tanto?"

Si después de responder estas preguntas hay un deseo de mejorar, solo un médico experimentado y un enfoque humano del tratamiento pueden ayudar en esta situación.

Liberarse de las relaciones codependientes. Prueba de adicción

Para poder salir del estado de dependencia emocional, debes responder tú mismo a estas preguntas. Después de leer este capítulo, ¿dirías que estás en una relación dependiente o codependiente? Sé tan honesto contigo mismo como sea posible. Mentalmente o en voz alta, describe lo que te gusta y lo que no te agrada de tu relación, lo que funciona para ti y lo que esperas de tu pareja o familiar cercano. ¿Qué necesidades satisfaces en tal relación? ¿Cómo hacerlo de manera diferente?

Después de responder estas preguntas, toma la decisión correcta y madura de salir de la relación codependiente. Si eso no funciona y necesitas ayuda, ya sabes a dónde acudir.

Problemas de codependencia en las relaciones familiares

La adicción es una necesidad compulsiva que deriva en una determinada acción. Cuando hablamos de adicción, podemos pensar en alcoholismo, abuso de drogas, juego, adicción a la comida, etc. Lo que todos tienen en común es que una persona desarrolla una atracción irresistible hacia una sustancia (adicción química), actividad (adicción a la computadora, adicción al juego, adicción al trabajo) o persona (adicción emocional). Existen criterios y pruebas para determinar si una adicción ha pasado de una categoría de pasión a una categoría de adicción. Pero la adicción o el comportamiento adictivo no suele existir por sí solo. Hay otro problema que está directamente relacionado y casi siempre acompaña a la adicción: la codependencia. El problema es que la persona que vive al lado del adicto de alguna manera se adapta a esta condición. Después del contacto constante con los adictos, también comienzan a comportarse de manera diferente y tratan de influir en sus seres queridos. Podemos decir que la codependencia es un compañero común de la adicción.

La codependencia es un concepto amplio que toma muchas formas. Pero la esencia del problema es que la persona codependiente intenta influir, controlar el comportamiento de la persona dependiente y pierde cada vez más la memoria de sus propias necesidades. Es un cambio de atención de uno mismo a otra persona. Muchas veces los parientes cercanos son codependientes: padres, hijos, cónyuge, amante. Entonces, cuando hablamos de adicción en la familia, siempre nos referimos a la otra parte, la relación codependiente.

Dependiendo del comportamiento humano

En el comportamiento de las personas codependientes se da cierta tendencia a la repetición. Muchas veces, sin darnos cuenta, los actos parecen naturales o forzados. Estar cerca de una persona con adicción puede tentar a influenciarla, ayudarla, tratar de corregir su comportamiento o controlarla. Se pueden sentir que se pueden resolver el problema y cambiar al otro. Y, a menudo, el efecto aparentemente beneficioso en la superficie en realidad causa un mayor daño. Una persona en un estado codependiente a veces asume la responsabilidad del paciente: paga los préstamos del paciente, le da dinero, lo protege del empleador, por ejemplo, si falta al trabajo debido a la adicción a las drogas, él lo justifica con una mentira. Según ellos, de esta manera ayudan al adicto a resolver sus problemas. Pero, de hecho, cultivan inconscientemente la adicción, porque una persona no ve todas las consecuencias de sus acciones.

Por supuesto, no puede haber estándares claros aquí: lo que es "malo" y lo que es "bueno", y esto de ninguna manera es un llamado a la indiferencia total hacia los seres queridos. Sin embargo, se debe tratar de evaluar conscientemente el alcance de este cuidado: qué tan útil es y qué tan posible (en lugar de dañino) es para el propio paciente.

Aquí pasamos al siguiente gran problema: darse por vencido o violar gravemente sus necesidades y deseos. La dependencia de los seres queridos puede causar tanta atención que se sacrifica la propia vida social, los intereses y la salud. Las personas codependientes comienzan a vivir no su propia vida, sino la de otra persona.

Codependencia en la vida cotidiana

Como ya hemos mencionado, la codependencia también puede afectar las relaciones familiares. Los roles familiares cambian: los niños que tienen un padre dependiente a menudo comienzan a desempeñar un papel de padres, tratando de administrar la vida familiar; y los padres, por el contrario, pasan al estado de un niño bajo tutela. Los roles familiares no se vuelven libres, sino forzados. Pérdida de flexibilidad y versatilidad. Algunos roles no pueden cumplirse por razones obvias: un niño pequeño no puede desempeñar completamente el papel de un adulto, y esto crea la siguiente serie de problemas: un sentimiento de impotencia o una tendencia al control excesivo.

Se puede negar ciertas adicciones, mantener en secreto otras, y muchas cosas se mantienen en silencio, creando un juego que aparentemente está libre de adicciones. La negación es una reacción defensiva porque los miembros de la familia tienen muchos sentimientos muy difíciles: culpa, ira, vergüenza, impotencia, y la persona trata de deshacerse de estos sentimientos de varias maneras, una de las más obvias es la negación. "No hay problema, no hay dolor". Como resultado, los codependientes a menudo no ven lo que a veces es obvio. Pero esta negación también tiene otro lado negativo: tampoco son conscientes de sus propios problemas, lo que les impide buscar la ayuda adecuada.

Hay otras consecuencias asociadas a esto: las emociones reprimidas. Para no experimentar emociones negativas y desagradables, las personas comienzan a intentar reducir su bienestar general. El sentido del significado disminuye y la vida emocional se empobrece.

En las familias codependientes, las reglas cambian. Las familias pueden separarse y sus miembros pueden tener poco o ningún interés. Por el contrario, toda la vida familiar comienza a girar en torno a una persona dependiente, que es sin duda el centro de la familia y a veces incluso el nexo de unión. Las familias pueden experimentar abuso físico y emocional.

Factores que aumentan la codependencia

Todos nos sentimos apegados a las personas que amamos, y eso es perfectamente normal, pero en la codependencia se potencia el apego emocional. La causa de esta condición suele ser en la infancia. Debido a diversas deficiencias en la crianza, el futuro codependiente desarrolla un complejo de inferioridad. Las razones de la baja autoestima pueden ser: dependencia de uno de los padres, familia disfuncional, trauma infantil.

Los adictos parecen estar atrapados en dos lugares. No es bueno cuando está sobrio y es bueno cuando está borracho. Sobrio, promete mejorar, confiesa y hace planes para el futuro, pero muchas veces el anhelo psicológico de embriagarse se apodera de él, y justo cuando la vida parece mejorar, se produce otra crisis nerviosa. Los que viven cerca se ven obligados a adaptarse a su comportamiento y experimentan las mismas emociones: irritación, ira, ansiedad, miedo. Toda la vida familiar está en realidad rodeada de este maleficio Es muy difícil romper este círculo vicioso sin ayuda psicológica calificada. La codependencia puede llevar a una persona a estar tan ocupada con los problemas de otros que no tiene tiempo para resolver los suyos propios.

La intimidad con una pareja es excelente, especialmente si pasan tiempo juntos regularmente haciendo cosas que ambos disfrutan y sus valores y metas en la vida se alinean. Pero la relación también puede ser tan estrecha, que a la larga incomoda y hace dudar del futuro. Esto significa que se está demasiado centrado en la pareja: la autoestima depende de su aprobación, y los sentimientos o comportamientos del otro siempre son más importantes que los propios.

La codependencia es "una necesidad malsana, inapropiada o peligrosa de otra persona", dice Andrea Miller, autora de Radical Acceptance: The Secret to Happiness and Lasting Love. Dominación, no amor.

Es normal desear el apoyo y la tranquilidad de tu pareja; pero las personas codependientes necesitan la aprobación constante de sus parejas. Esta relación se puede arreglar de diferentes maneras: a veces ambos miembros de la pareja carecen de suficiente y fuerte afecto, y en algunos casos solo uno depende del otro, mientras que el otro puede incluso disfrutar de su poder y control.

Si sospecha que es una pareja dependiente, la siguiente lista le ayudará a determinar si lo es. Si su pareja presenta los siguientes síntomas, es posible que sea adicto:

1. **Tiene miedo de tomar decisiones independientes**. Si siente la necesidad de involucrar a su pareja en todos los aspectos de su vida sin excepción, pedirle permiso para quedar con amigos o aceptar un ascenso, puede significar que está en una relación codependiente. Por supuesto que debes escuchar a tu pareja, pero si no puedes tomar ninguna decisión sin su consentimiento, es posible que dependas demasiado de él.

Las relaciones a largo plazo requieren compromisos de vez en cuando. Pero si tienes miedo de tomar decisiones sin el aporte de tu pareja, podría ser una señal de que no confías en ti mismo. Entonces eliges no lo que crees que es correcto, sino lo que tu pareja quiere.

2. **Todo está listo para evitar discusiones y disputas**. Si tiendes a estar de acuerdo con tu pareja en todo, desde la política hasta el menú de la cena, podría significar que eres una buena pareja. Pero... puede ser un signo de adicción. Esto significa que "no tienes punto de vista ni identidad". Una persona sana,

emocionalmente madura, y que se siente amada y confiable, no tendrá miedo de expresarse, incluso si no está de acuerdo con la postura o el punto de vista de la pareja. Pero es probable que los codependientes se mantengan callados, por temor a que sus desacuerdos den lugar a una pelea que ponga en peligro las relaciones futuras.

No hay necesidad de tener miedo a las disputas y desacuerdos: en una relación sana, los socios son muy conscientes de que no pueden tener una visión común sobre todos los problemas posibles.

3.   Los intereses de tu pareja siempre son más importantes que los tuyos. Aquellos que tienden a complacer a los demás y anteponer las necesidades y los deseos de su pareja a los propios, es probable que sean codependientes.

Estas personas que están constantemente resolviendo los problemas de otras personas y tienen una tendencia poco saludable a preocuparse demasiado por los demás, entran en esta categoría. Este tipo de codependencia, sobreprotección, no se limita a las relaciones románticas.
La reconocida terapeuta Andrea Miller dio el ejemplo de una relación madre-hija: "Una mujer me dijo que todas las noches le hacía un millón de preguntas a su hija adulta que vivía con ella, com: "¿Puedo hacerte la cena?". La hija trató de escapar por todos los medios y casi se sintió abrumada por estas preocupaciones molestas.

Por supuesto, las mejores intenciones de la madre de cuidar y hacer feliz a su hija terminaron arruinando su relación porque no creía que ella o su hija tuvieran derecho a tomar decisiones independientes. La codependencia en las relaciones amorosas sigue el mismo patrón.

4.   Estás listo para renunciar a tus principios por el bien de tu pareja. Todos tenemos limitaciones en nuestra zona de confort que son incómodas. Si constantemente cruzas estos límites por tu pareja, podría ser una señal de que eres codependiente.

Por ejemplo, insistes en no gastar dinero más allá de cierta cantidad. Pero cuando tu socia te pidió que le prestes más dinero sin dar ninguna buena razón, cedes. Te convences de que lo has hecho por amor. "Rompes tus principios, como si empezaras a olvidar quién eres y qué es aceptable para ti", dice Chloe Carmichael, psicóloga clínica de Nueva York.

5.   Los pasatiempos de tu pareja que no te gustan juegan un papel importante en tu vida. Al mostrar interés en los pasatiempos de nuestra pareja, demostramos que estamos listos para probar cosas nuevas para pasar más tiempo juntos. Pero no tenemos que amar todo lo que le gusta a ella/él. En aquellas parejas donde los socios mantienen una relación íntima pero sana, hay oportunidades para dedicarse a sus aficiones por separado. Si notas que los intereses de tu pareja comienzan a atraerte, aunque no lo hagan, vale la pena pensar: ¿de dónde viene la necesidad de acompañarlo a cada partido de fútbol o a un gran concierto?

Si estas actividades no son de tu agrado personal, pregúntate: ¿Realmente estoy satisfecho? ¿Estoy tranquilo y seguro?"

La mayoría de las veces, estar dispuesto a sacrificar tus intereses y valores por el amor de tu pareja es una clara señal de inseguridad.

6. Siempre estás celoso

Las parejas codependientes a menudo carecen de autoestima. Como resultado, se sienten amenazados por la competencia de las personas con las que su pareja tiene una relación, ya sean amigos cercanos o familiares

Así, los celos y la ira se acumulan en lo profundo de su alma. A menudo no revelan estos sentimientos a sus parejas para no poner en peligro la relación.

Piensan: "Si él tiene algún tipo de relación con otra persona, ya no me necesita". Esto a menudo conduce a un comportamiento agresivo pasivo.

En las relaciones sanas, las parejas a veces sienten celos cuando ven a su ser querido cerca de un amigo o familiar. Pero nunca dejaron que los celos destruyeran a la pareja. Si expresaran su desaprobación, no tendrían ira ni culpa.

7. Siempre debes saber dónde está tu pareja. El correo electrónico y la mensajería instantánea son formas comunes de comunicación en la actualidad. Pero si envías estos mensajes a tu pareja con demasiada frecuencia, podría ser una señal de codependencia. Por supuesto, si sucede algo malo, querrás saberlo de inmediato, pero enviar mensajes de texto constantemente a tu socia puede ser una señal de falta de confianza.

Es normal intercambiar mensajes varias veces al día. Pero si envías un mensaje tras otro mientras tu pareja está chateando con amigos y te enojas y te preocupas cuando no obtienes una respuesta, podría significar que tu relación está en un terreno difícil.

Las parejas no codependientes se dan libertad mutuamente y no se sienten amenazadas cuando uno de los miembros de la pareja pasa tiempo con otra persona.

8. Presionas a tu pareja para que cambie por ti. Estar de acuerdo con un socio en todos los temas es uno de los signos de la codependencia. Pero exigir y quejarse constantemente de lo que hace o deja de hacer su pareja también puede ser un signo en el mismo sentido.

Una persona emocionalmente madura puede decirse a sí misma que eligió a esta pareja, tal como es. Por lo que comportarse de manera prepotente o estar rogándole que cambie, y al mismo tiempo exigirle que no sea un "trapo" incapaz de valerse por sí mismo, es otra manera de ejercer poder e influencia sobre el otro.

En una relación saludable con límites personales razonables, siempre se puede decir lo que se piensa o compartir las experiencias; pero no se puede esperar de un compañero que deje de ser él mismo.

Si no está satisfecho con la naturaleza de su socio en la vida, vale la pena repensar su relación y sus perspectivas, y no esperar a que la el otro cambie por usted.

Relaciones codependientes: realidad y ficción

Cada uno entiende esta palabra a su manera. Algunos lo ven como el estado natural del amante, otros lo ven como un rasgo patológico y destructivo. La psicoterapeuta Sharon Martin analiza los mitos comunes que van de la mano con este concepto.

Mito 1: Codependencia significa ayuda mutua, sensibilidad y atención a la pareja

En situaciones de codependencia, todas estas loables cualidades esconden inicialmente la posibilidad de aumentar la autoestima a costa de la pareja. Estas personas dudan constantemente de la importancia de su papel y buscan pruebas de que son amadas y necesitadas detrás de una máscara creíble de preocupación.

La ayuda y el apoyo que ofrecen es un intento de controlar la situación e influir en la pareja. Por lo tanto, luchan contra la incomodidad interna y la ansiedad.

Sus acciones a menudo hacen más que dañarse a sí mismos, después de todo, están listos para ahogarse suavemente cuando no es necesario. Un ser querido puede necesitar algo más, como estar solo. Sin embargo, la manifestación de la independencia y autosuficiencia de la pareja es particularmente aterradora.

Mito 2: Esto sucede en familias donde uno de los miembros sufre de adicción al alcohol

El concepto de codependencia surge cuando los psicólogos estudian una familia en la que el hombre es alcohólico y la mujer juega el papel de salvadora y víctima a la vez. Sin embargo, este fenómeno va más allá del modelo relacional. Las personas que son propensas a la codependencia a menudo crecen en hogares que no reciben suficiente calidez y atención o experimentan abuso físico. Algunos dicen que fueron criados por padres cariñosos que exigían mucho de sus hijos. Se les cría con perfeccionismo y se les enseña a ayudar a los demás a expensas de sus propios deseos e intereses.

Todo esto crea una codependencia, que primero viene de mamá y papá, quienes solo con raros elogios y reconocimientos hacen entender al niño que es amado. Más tarde, una persona desarrolla el hábito de buscar constantemente la confirmación del amor en la edad adulta.

Mito 3: O lo tienes o no lo tienes. No todo es tan claro. El grado de codependencia puede variar en diferentes momentos de nuestras vidas. Algunas personas son plenamente conscientes de que la situación les resulta dolorosa. Otros no sienten dolor porque han aprendido a suprimir las sensaciones desagradables. La codependencia no es un diagnóstico médico, no se le pueden aplicar criterios claros y su gravedad no se puede determinar con precisión.

Mito 4: La codependencia es solo para locos.
Por lo general, estas personas tienen una cualidad estoica y están listas para ayudar a los más débiles. Se adaptan perfectamente a las nuevas circunstancias de su vida y nunca se quejan porque tienen un fuerte deseo de no renunciar a sus seres queridos. Cuando se trata de una pareja que sufre otra adicción (ya sea alcoholismo o juego), una persona piensa: "Tengo que ayudar a mi ser querido. Si hubiera sido más fuerte, más inteligente o más amable, él sería diferente ahora". Esta actitud nos obliga a esforzarnos aún más, aunque esta estrategia no siempre da sus frutos.

Mito 5: No puedes deshacerte de él
El estado de codependencia no viene con el nacimiento, como la forma de los ojos. Tales relaciones impiden desarrollar y seguir el propio camino, y no el que impone otra persona, aunque sea cercano y amado. Tarde o temprano, uno o ambos comenzarán a pesar, lo que destruye gradualmente la relación. Si encuentra la fuerza y el coraje para reconocer los rasgos codependientes, este es el primer y más importante paso para iniciar el cambio.

Capítulo 7
Cómo deshacerse
de la codependencia

4 signos de codependencia y 3 formas de cambiar las cosas

¿Por qué existe la codependencia?

Vale la pena buscar respuestas en la historia. Desde su establecimiento en la década de 1970 y principios de la década de 1980, el término "codependencia" se ha convertido en el líder de su popularidad. La falta de diagnóstico real, el término "adicción mutua" se usa primero para describir cómo algunos familiares entorpecen la rehabilitación de las personas que abusan de las drogas, con sus cuidados excesivos. A medida que se difundió la información, creció la conciencia de la importancia del contexto en la lucha contra la adicción. Hasta entonces, el tratamiento a menudo se enfocaba solo en el individuo adicto. Al mismo tiempo, no tuvo en cuenta el sistema de apoyo que lo rodeaba.

Desde entonces, el término "codependencia" ha sufrido varios cambios de interpretación, dando como resultado su uso para denotar cualquier relación que sea insostenible, excesivamente dependiente o disfuncional. Veremos cuatro señales de que son parte de la codependencia y tres formas en que puede desencadenarse.

Señal 1: Salva a los "pollitos heridos"

Las personas en relaciones codependientes tienden a ser genuinamente cariñosas y compasivas. Pero sabemos dónde está pavimentado el camino hacia la buena voluntad.

Por supuesto, no todo apoyo es patológico, al contrario. Una revisión de 40 estudios realizada en 2013 encontró que el voluntariado no solo aumenta la felicidad y la satisfacción en la vida del paciente y de su ayudante, sino que también reduce la depresión y la muerte prematura. ¿Quién diría no a algo así?

Pero, convertir las preocupaciones por el otro en sobreprotección depende de ambas partes. Si te sientes abrumado por la necesidad de salvar a otros, o si te sientes culpable por dejar que tu pareja pase por esto sola, se puede crear un círculo vicioso en el que ayudar se convierte en algo más que "ayudar".

Puede que tengas la capacidad de ayudar, y que sientas la necesidad de salvar a otros; en definitiva, el grado máximo de felicidad que puede llegar una persona, es cuando se alcanza la felicidad propia y ahora se desea ayudar a otros a que la obtengan. Pero, nuevamente, es posible que en realidad te sientas atraído por personas vulnerables e inmaduras que a menudo están en crisis y no están listas para asumir la responsabilidad de sus vidas. En este caso, te sientes el salvavidas de todos los náufragos que se te crucen por tu camino.

Señal 2: El problema está fuera de tu control

Sin ser culpa tuya, los problemas de las personas que atraes son mucho más grandes y serios que tu capacidad para resolverlos. Es decir, los problemas internos y los desafíos para resolverlos no pueden ser resueltos por una sola persona desde el exterior. Sin mencionar el costo personal de la relación para ti: no son solo "problemas", se está convirtiendo en una pérdida de tiempo, dinero y energía.

Signo 3: El autosacrificio se convierte en parte del yo

Desempeñar el papel de salvador/rescatador también te da la identidad, los sentimientos, el propósito y la autoestima de un mártir. Además, puede distraerte de tus problemas.

Por eso es tan difícil terminar una relación de codependencia: la sobreprotección es fundamental para el salvador, por lo que la gente no ve por qué terminarla. En el peor de los casos, las amenazas de abandonar la codependencia pueden servir como una forma de manipulación.

Señal 4: nada cambia realmente

Ese es el quid del problema. Por supuesto, es natural querer apoyar a un compañero/pareja o familiar en una situación difícil, pero solo si el afectado lo desea.

Lo que hace que esta relación sea codependiente es el apoyo a un comportamiento destructivo donde la persona no está realmente resolviendo sus propios problemas. La codependencia puede así manifestarse a través de una serie de experiencias pasivas con otra persona, donde no hay lugar para objetar los errores. O puede parecer más agresivo: encubrir a un compañero/pareja, ocultar pruebas de un delito a otros, o incluso proporcionar apoyo material para un comportamiento destructivo. En pocas palabras, esta estrategia de comportamiento puede dificultar la resolución de problemas o fomentar la mala toma de decisiones y elecciones. La codependencia parece ser esencialmente una transacción simbiótica: ofreces "rescate" a cambio de que te quieran y te necesiten. Entonces, si te reconoces a ti mismo o a alguien cercano a ti en la descripción de la codependencia, ¿qué puedes hacer? Claro, aún puedes ayudar a las personas, pero ¿quieres brindar ayuda real en lugar de ser poderoso?

Aquí hay cosas para probar:

•   Ofrezca ayuda en un 50%, 75% o 90%, no en un 110%

•   Claro, puede ser útil, pero no sea el único que puede ayudar las 24 horas del día.

•   Gradúe su implicación a "menos intensa" en las relaciones, en su trabajo, o en el voluntariado. Recuérdese a sí mismo que puede ser útil y apreciado sin estar constantemente "apagando los fuegos de otras personas" y sin codependencia. En pocas palabras, busque relaciones que se desarrollen y atraigan sin agotarlo o utilizarlo como salvador. Este es el equilibrio por el que luchar. Dibuje una línea entre la ayuda racional y la irrazonable.

¿Ha oído hablar de la persona codependiente que reprobó geografía? ¡Simplemente no podía distinguir ningún límite!

De hecho, en la codependencia es importante que el apoyo contribuya al desarrollo de habilidades que le ayudarán a cuidarse más adelante. Por lo tanto, es importante trazar una línea clara entre ayudar a una persona y resolverle los problemas.

Este proceso se conoce como "construir límites personales". Es posible que esté dispuesto a dejar que un amigo duerma en su sofá, pero quiere que al menos comparta los gastos del almacén. Puede estar listo para llevar a su amiga al trabajo todos los días si está en camino, pero ya no está listo para esperarla cada vez que llega tarde a su trabajo.

Asimismo, puede establecer un límite en la cantidad de veces que saca a alguien de una situación problemática, o elevar el umbral de emergencia por el cual estás dispuesto a dejarlo todo para ayudar.

Por supuesto, no debe ser cruel y condenar a una persona a su destino al negarle cualquier apoyo. Pero deje claro que ya no es su escudo humano contra sus propias decisiones y elecciones.

Cuando los límites están establecidos, de ahora en adelante vale la pena seguirlos siempre. Al principio parecerá que esto está mal, porque es muy difícil despedirse del patrón de comportamiento del socorrista. Recordar los beneficios a largo plazo que deben seguir los esfuerzos a corto plazo puede ayudar.

Recuerde, si establece límites y es castigado, humillado o lastimado por hacerlo, se está alejando de la codependencia y el abuso.

Esta idea puede no parecer nueva, sin embargo, su esencia todavía se distingue de la regla estándar "Si no puedes cuidarse a sí mismo, entonces no puedes cuidar a otra persona". De hecho, estamos tratando de alejarnos de la sobreprotección a través de esta declaración.

En lugar de cuidarse para demostrar con su propio ejemplo que sabe cuidar, debe empezar a creer verdaderamente en uno mismo. Además, las formas de cuidarse muestran a los demás cómo pueden apoyarlo si lo necesita.

Entonces, la codependencia es un problema real y complejo. Sin embargo, al tener el coraje de rechazarlos, puede estar seguro de que no terminará como otra explosión durante el clímax de la trama.

Cómo salir de una relación adictiva con un alcohólico

Si decide ponerse en contacto con una clínica especializada, usted y sus familiares pueden obtener ayuda:

• Psicoterapia, comportamiento cognitivo, cambios de pensamiento

• Trato calificado y humano mediante psicoterapia y medicación.

• Limite el consumo de alcohol y drogas para usted o sus seres queridos.

• Hipnoterapia.

• Clases, capacitación y otros programas grupales e individuales diseñados para enseñar una vida normal sin adicción ni codependencia.

• Red de apoyo, tiempo ilimitado con expertos y comunicación con el mundo exterior.

• También hay una comunidad de hombres y mujeres dedicados a construir relaciones saludables. Esta comunidad se llama Co-dependientes Anónimos. Siguiendo el modelo de Alcohólicos Anónimos, esta comunidad utiliza un sistema de 12 pasos con un ligero giro: "En lugar de alcohol, reconocemos nuestra impotencia sobre los demás..."

Soluciones a los problemas de adicciones familiares

Hay diferentes formas de resolver la codependencia. Dado que la familia es un sistema de varios elementos: parientes, personas cercanas, los medios para "corregir" la situación patológica también deben ser sistemáticos. Los psicólogos pueden trabajar con diferentes miembros de la familia para identificar sus patrones de relación, debilidades y viceversa para resaltar las fortalezas del sistema. Ajustando la forma de interacción o cambiando ciertos eslabones de la cadena, es posible cambiar todo el sistema familiar.

La interdependencia también se puede abordar en función de las características propias del individuo. En realidad, no todos se vuelven dependientes; por ejemplo, si un hombre bebe mucho, algunas mujeres se separan, pero otras comienzan a salvarlo, viven con él y sufren. Se supone que las personas con ciertas características son propensas a la codependencia y que, si una persona cambia, es menos propensa a las relaciones codependientes.

Una consecuencia de la baja autoestima es la dependencia de las opiniones de los demás. A menudo una persona no vive según sus deseos, sino según sus obligaciones: tengo que hacer/debo ser. Tal persona puede tener un deseo muy desarrollado de "ser bueno", una motivación muy fuerte, por ejemplo, para comenzar a "salvar" a la persona adicta. Están acostumbrados a que el amor debe ganarse, lo que significa que siempre debe estar respaldado por buenas obras o sus necesidades.

Una tendencia al control excesivo es otro signo de una mayor codependencia. La gente siente que la relajación es imposible, todo debe estar siempre bajo control. Y una persona adicta no solo puede controlarse a sí misma, sino también no someterse al control de los demás. Por un lado, todo esto solo fortalece los esfuerzos de los codependientes. Por otro lado, le causa estrés constante porque no tiene absolutamente ningún control sobre el alcohólico o el jugador. Hay otras características personales que contribuyen al surgimiento o empeoramiento de la codependencia. A menudo sirven como objeto de asesoramiento psicológico, porque el codependiente o no lo ve todo por sí mismo, o parece que no puede hacer nada en absoluto. A menudo, todas sus acciones están dirigidas a salvar o controlar al adicto, no se preocupa por sí mismo ni por su vida, o no tiene la fuerza. Por lo tanto, la codependencia es un tema que debe abordarse en la consejería, porque al señalar los factores personales internos, las personas se vuelven menos propensas a la codependencia. Por supuesto, el asesoramiento psicológico es la mejor solución en este caso, porque un asesor psicológico ayudará a analizar la situación de manera más completa e integral, encontrar soluciones y brindar apoyo. En otros casos, debe buscar ayuda y apoyo externos.

Uno de los primeros pasos para resolver este problema es admitir que existe. Y no solo para reconocer que hay un sostén de familia en la familia.

Consejos

Grupo de apoyo especial: Hay grupos para adictos y familiares. Por ejemplo, existen grupos "Hijos de adultos alcohólicos" que ayudan a sobrellevar las consecuencias de la codependencia de los padres y la familia, o clases especiales para adictos que participan en el programa de 12 pasos.

Amigos, póngase en contacto. En ningún caso debe estar cerrado a la comunicación y al público. Por supuesto, no debería ser una carga, así que busca formas que le hagan sentir cómodo y entretenido.

Cuidado de sí mismo. Esto es algo que muchos codependientes luchan por hacer. Literalmente tienen que obligarse a hacerlo. Sin embargo, cuidar su salud, recreación e intereses es uno de los pasos más importantes. Pregúntate: ¿qué quieres? ¿En qué estas interesado? Que sean cosas pequeñas al principio, pero serán muy importantes para tu estado psicológico.

No transfieras la responsabilidad de la vida del otro a tus espaldas. Incluso si sientes que eres responsable de ello, es un gran engaño. Los adultos son responsables de sus propias vidas. Y el sentido de la responsabilidad suele ser muy beneficioso para el enfermo, ya que puede darle fuerza y libertad.

Conocernos mejor. ¿Qué te hace preocuparte por alguien, excepto por él? ¿Quieres sentirte bien? ¿Tienes miedo de ser malo con los demás? ¿Sientes que nadie te necesita? ¿Tienes miedo de estar solo? Muchas veces son estos problemas secundarios los que contribuyen a tu adicción, así que trata de mirarlos y hazte esta pregunta: ¿Puedo cambiarlos? ¿Quizás no es tan importante como creo? ¿O se puede hacer de otra manera? ¿Por qué necesito todo esto, incluso a este precio? Si amas a alguien, ¿de qué otra manera puedo expresar mi amor? ¿Qué ayudará realmente? Mirando la situación con más honestidad, quitarle el sufrimiento y el derecho a la vida no le hará bien a la persona dependiente ni a la relación codependiente. Si continúas en una relación de codependencia, poco a poco te privas de fuerza, salud y vitalidad.

Estos son algunos consejos para los familiares dependientes de los pacientes:

• Hable con sus seres queridos que consumen alcohol o drogas sólo cuando esté sobrio. En tales conversaciones, no sermonee, no amenace, pero hable con ejemplos específicos sobre problemas puntuales causados por la adicción al alcohol o las drogas.

• No haga tratos con drogadictos (p. ej., "Si dejas de beber, te compramos un automóvil", etc.).

• No saldar sus deudas.

• No defenderlo ante las autoridades del trabajo aduciendo su mala salud.

• No tomes decisiones por él.

• No controlar a dónde va.

• No lo sigas por la calle mientras esté borracho.

• No intentes dar medicamentos al paciente en casa (a su criterio).

• A pesar de la rabieta, no participe en la obtención de alcohol o drogas del paciente.

• No se deje manipular.

• Abandonar el papel de "salvador".

• No le diga a sus amigos cercanos y familiares que todo está bien.

El tratamiento comienza cuando los pacientes dejan de consumir alcohol o drogas y reconocen su enfermedad y están dispuesto a salir de ella. Es un camino largo y difícil, pero con el justo apoyo, resultan plausibles.

Capítulo 8
Personalidades perversas
y violencia familiar

Las personalidades perversas son aquellas que tienen patrones de comportamiento manipulativo, engañoso y antisocial. Estas personas suelen ser expertas en manipular a los demás para obtener lo que quieren, y a menudo carecen de empatía o remordimiento por sus acciones.

Existen varios trastornos de personalidad que se consideran perversos, como el trastorno de personalidad narcisista, el trastorno de personalidad antisocial y el trastorno de personalidad psicopática. Cada uno de estos trastornos tiene características únicas, pero todos con ciertos rasgos comunes, como la manipulación y el engaño.

El trastorno de personalidad narcisista se caracteriza por una necesidad excesiva de admiración y aprobación, así como por una falta de empatía hacia los demás. Estas personas suelen ser muy arrogantes y se sienten superiores a los demás. A menudo, utilizan la manipulación para conseguir lo que quieren y tienen relaciones tóxicas con los demás.

El trastorno de personalidad antisocial se caracteriza por un patrón de comportamiento desafiante y violación de las normas sociales. Estas personas suelen ser impulsivas e irresponsables, y a menudo tienen problemas legales debido a su comportamiento. También pueden ser violentas y carecen de empatía hacia los demás.

El trastorno de personalidad psicopática se caracteriza por un patrón de comportamiento antisocial y falta de conciencia moral. Estas personas suelen ser frías y calculadoras, y pueden ser muy manipuladoras. A menudo, tienen problemas con la ley debido a su comportamiento y pueden ser peligrosos para los demás.

Es importante señalar que tener uno de estos trastornos de personalidad no significa, no obstante, que una persona sea perversa. Sin embargo, las personas con trastornos de personalidad perversa pueden causar mucho daño a los demás y a menudo tienen dificultades para mantener relaciones saludables.

La mejor manera de protegerse de las personas con personalidades perversas es ser consciente de sus comportamientos manipuladores y aprender a reconocer los patrones de comportamientos tóxicos. También es importante trabajar en fortalecer la autoestima y aprender a poner límites saludables en las relaciones.

En resumen, las personalidades perversas son aquellas que tienen patrones de comportamiento manipulativo, engañoso y antisocial.

Comportamientos tóxicos

Los comportamientos tóxicos son aquellos que son dañinos para una relación y pueden afectar tanto a la salud emocional como física de las personas involucradas. Estos comportamientos pueden ser verbales o físicos y pueden incluir:

Control: intentar controlar a la pareja mediante la manipulación, la amenaza o la coerción. Este comportamiento puede generar una sensación de inseguridad, dependencia y pérdida de autonomía en la pareja.

Abuso: cualquier forma de abuso, ya sea físico, emocional, sexual o financiero. El abuso puede causar lesiones físicas, traumas emocionales y daños psicológicos a largo plazo.

Mentiras: ser deshonesto o engañar a la pareja. La desconfianza y la falta de transparencia pueden socavar la confianza y la seguridad en la relación.
Humillación: hacer comentarios despectivos o ridiculizar a la pareja. Puede causar baja autoestima, inseguridad y una sensación de no ser valorado o querido.

Celos extremos: Tener celos extremos y ser posesivo puede generar una sensación de vigilancia constante, falta de libertad y una relación basada en la desconfianza.

Aislamiento: tratar de controlar con quién la pareja se relaciona o aislarla de amigos y familiares. Puede generar una sensación de aislamiento y dependencia de la pareja, y perder el apoyo de las relaciones importantes.

En resumen, los comportamientos tóxicos pueden causar un gran daño emocional y físico en una relación, y pueden afectar la salud mental y física de la pareja. Es importante ser consciente de estos comportamientos y tomar medidas para protegerse a uno mismo y a la relación. Si uno sospecha de un comportamiento tóxico en su relación, es recomendable buscar ayuda profesional.

Violencia familiar

La violencia familiar es una forma de abuso que ocurre dentro del contexto de una relación de pareja o familiar. Puede incluir abuso físico, emocional, sexual, financiero y psicológico. Algunas características comunes de la violencia familiar incluyen:

Repetitividad: la violencia suele ser recurrente y puede empeorar con el tiempo si no se interviene.

Control: el abusador puede tratar de controlar a la víctima mediante la manipulación, la amenaza o la coerción.

Aislamiento: el abusador puede tratar de aislar a la víctima de amigos y familiares para tener más control sobre ella.

Negación y minimización: el abusador puede negar la violencia o minimizar su gravedad.

Cambios en el comportamiento de la víctima: la victima puede experimentar cambios en su comportamiento, como ansiedad, depresión, baja autoestima y problemas de salud física.

La violencia familiar puede tener un impacto devastador en la víctima, así como en los miembros de la familia y en la sociedad en general. Es importante tomar medidas para prevenir y abordar la violencia familiar, y brindar apoyo a las víctimas. Si se sospecha de violencia familiar, es recomendable buscar ayuda profesional.

Además de las características mencionadas anteriormente, la violencia familiar también puede manifestarse de diferentes maneras, como, por ejemplo:

• Abuso físico: golpes, empujones, quemaduras, etc.

• Abuso emocional: insultos, humillación, amenazas, etc.

• Abuso sexual: tocar, acosar o forzar a tener relaciones sexuales.

• Abuso financiero: controlar el dinero o las decisiones económicas, o negar el acceso a los recursos necesarios.

•   Abuso psicológico: utilizar tácticas mentales o emocionales para controlar o dañar a la víctima.

Es importante tener en cuenta que la violencia familiar no solo se refiere a la violencia física, también puede incluir abuso emocional y psicológico, que pueden ser iguales de dañinos y tener un impacto a largo plazo en la salud mental y física de la víctima. Recuerde que, si hay niños en la familia, ellos dejan de ser meros testigos de violencia y pasan a ser víctimas de la misma.

En conclusión, la violencia familiar es un problema grave que puede tener consecuencias graves en la víctima y en la familia. Es importante estar alerta a los signos de violencia familiar y tomar medidas para prevenirla y abordarla.

Salir de una relación tóxica o violenta puede ser difícil y peligroso, pero hay pasos que se pueden seguir para aumentar la seguridad y facilitar el proceso. Algunos consejos incluyen:

Buscar ayuda: hablar con un profesional o una organización de apoyo puede proporcionar información y recursos para salir de la relación y protegerse a uno mismo.

Planificar: preparar un plan de seguridad antes de dejar la relación puede ayudar a prevenir la violencia y aumentar la seguridad.

Obtener apoyo: rodearse de amigos y familiares que entiendan y apoyen la decisión de salir de la relación puede ayudar a mantener la resiliencia y la motivación.

Documentar: registrar cualquier incidente de violencia o abuso puede ser útil si se decide presentar una denuncia o solicitar una orden de alejamiento.

Tener un lugar seguro: tener un lugar seguro donde ir en caso de emergencia, como el hogar de un amigo o un refugio para víctimas de violencia doméstica.

Cambiar la información de contacto: cambiar el número de teléfono, correo electrónico y las contraseñas para evitar que el abusador tenga acceso a la información de contacto.

Hay que tener en cuenta que salir de una relación toxica o violenta puede ser un proceso difícil y requerir tiempo y paciencia. Es importante ser compasivo y gentil consigo mismo mientras se toman medidas para salir de la relación. Además, es importante recordar que no es la culpa de la víctima y que merece vivir en un ambiente seguro y sin violencia.

Otros consejos para salir de una relación tóxica o violenta incluyen:

Aceptar la realidad de la situación: aceptar que la relación es tóxica o violenta es un paso importante para poder salir de ella.

Aprender a decir "no": puede ser difícil decir "no" a una persona que se quiere, pero es importante aprender a hacerlo para protegerse a uno mismo.

Buscar recursos legales: si es necesario, buscar recursos legales como órdenes de alejamiento o denuncias policiales para protegerse.

Trabajar en la autoestima: trabajar en la autoestima y la autoeficacia puede ayudar a sentirse más seguro y capaz de salir de la relación.

Buscar ayuda para procesar los sentimientos: El proceso de salir de una relación puede ser emotivo. Buscar ayuda de un terapeuta o asesoramiento psicológico puede ayudar a procesar los sentimientos y seguir adelante.

Es importante recordar que siempre existen recursos y ayuda disponibles para aquellos que están en una relación tóxica o violenta. No se está solo, y salir de una relación tóxica o violenta es posible con la ayuda adecuada.

#####

www.ingramcontent.com/pod-product-compliance
Lightning Source LLC
Chambersburg PA
CBHW050550160726
48003CB00002B/835